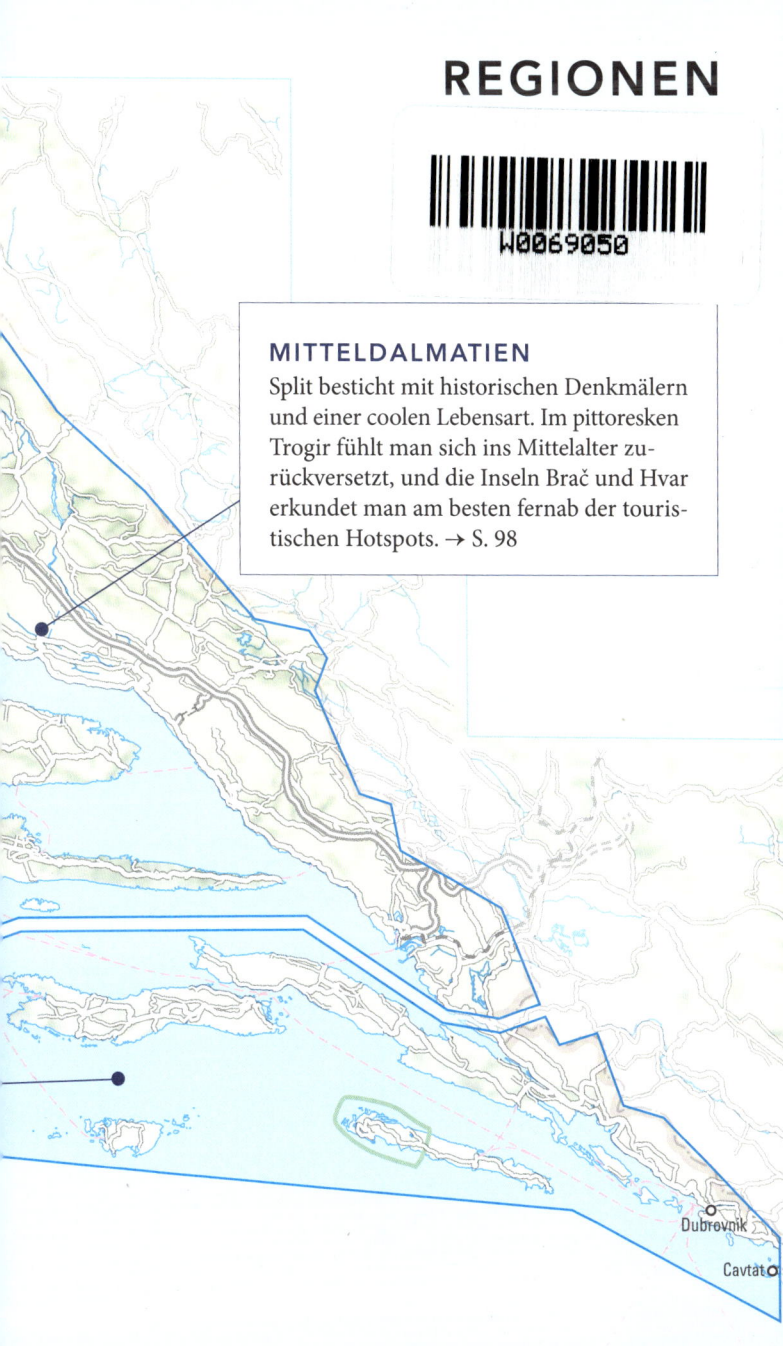

REGIONEN

MITTELDALMATIEN

Split besticht mit historischen Denkmälern und einer coolen Lebensart. Im pittoresken Trogir fühlt man sich ins Mittelalter zurückversetzt, und die Inseln Brač und Hvar erkundet man am besten fernab der touristischen Hotspots. → S. 98

Dubrovnik

Cavtat

KARTEN UND PLÄNE

MERIAN

Reiseführer

Dalmatien

Ranka Keser | Harald Klöcker

ZEICHENERKLÄRUNG

⭐ MERIAN TOP 10

🚩 MERIAN Empfehlungen

👁 Im Vorbeigehen
entdeckt

PREISKLASSEN

Preise für ein Doppel-
zimmer mit Frühstück:

€€€€ ab 150 €

€€€ ab 110 €

€€ ab 80 €

€ bis 80 €

Preise für ein drei-
gängiges Menü:

€€€€ ab 50 €

€€€ ab 40 €

€€ ab 20 €

€ bis 20 €

POZDRAV DALMACIJI!

DIE THEMEN DER REGION

WANDERUNGEN UND AUSFLÜGE

MEIN DALMATIEN

*An der südlichen Küste Kroatiens erstreckt sich eine viel-
fältige und beeindruckende Region: Antike, römische
und venezianische Architektur, die Spuren mittelalterlicher
Kultur, das mediterrane Flair heutiger Küstenstädte
und malerische Landschaften und Inseln treffen aufeinander.*

Vor vielen Jahren war ich zum ersten Mal in Dalmatien. Seitdem fließt Dalmatien immer wieder in meine Reisepläne mit
ein, manchmal für einen Kurztrip und manchmal bleibe ich
für mehrere Wochen. Die Region hat sich seit den Nuller-
jahren sehr verändert, andererseits ist sie immer authentisch
geblieben. Es gelingt Dalmatien mühelos, das Historische mit
dem Modernen zu verbinden.

Hier gibt es viel zu entdecken. Die Küste ist lang, und die
Inseln sind zahlreich. Ein einmaliger Besuch von zwei Wochen
reicht kaum aus, um Dalmatiens Bandbreite gerecht zu werden. Jede Stadt ist anders, hat ihre
eigene Geschichte und ihr eigenes
Image. Die Inseln sind ein Potpourri
bunter Vielfalt. Dieses Szenario vor
Augen, kommt man von ganz allein
auf den Gedanken, man sollte über
ein Boot verfügen – oder eben mit

»Kroatien ist das schönste
Land, das ich jemals
gesehen habe.« Brad Pitt
bei einem Besuch
der Küstenstadt Šibenik

der Fähre oder einem Katamaran von Insel zu Insel reisen, dort
die Landschaften erleben und sich immer wieder an den weiten Blicken über die Adria erfreuen.

Wer seinen Urlaub in Dalmatien verbringt, kann seine Zeit
auf individuelle Weise auskosten, denn hier kann man bestens
sowohl auf Entdeckungsreise gehen als auch das Meer in vollen
Zügen genießen – oder beides. Wer in Dalmatien unterwegs
ist, wird die Begegnung mit dem Meer als tägliches Schauspiel
erfahren. Wolken und Horizont über der Weite des Wassers,
Brisen, mäßige und starke Winde, salzige Luft, das Geräusch
der Wellen, die Farben der von der Sonne durchleuchteten

Adria. Man versteht, dass dieses Meer die Bewohner an seinen Ufern geprägt hat. Viele Seefahrer, Fischer, Kapitäne, Boots- und Schiffbauer hat Dalmatien hervorgebracht. Die Einwohner Dalmatiens sind aufgeschlossen und hilfsbereit. Sie haben für alle Lebens- und Gefühlslagen ihre eigenen dalmatinischen Wörter. Nach Phasen der *priša* (Eile) lassen sie auch die *fjaka* (Müdigkeit) zu. Sie frönen ihren *gušti* (Genüsse) und sind immer für eine *ćakula* (Plauderei) zu haben.

Dalmatien ist übrigens nicht nur im Sommer eine Reise wert. Im Frühjahr und Herbst ist es hier mindestens genauso schön. Ein weiterer Vorteil ist, dass man auf diese Weise dem Hochbetrieb der Sommerferien entgeht. Dass die Strände und das kristallklare Wasser alljährlich von unabhängigen Institutionen ausgezeichnet werden, macht das Ganze zusätzlich attraktiv. Die freundlichen Menschen Dalmatiens werden ein Übriges dazu beitragen, den Besuch in dieser Region als ein unvergessliches Erlebnis zu empfinden.

An Dalmatiens Küste, im Hinterland und auf den Inseln kehrt man nach mehrmaligen Besuchen allzu gern an die vertrauten Orte zurück. Gleichzeitig lässt sich in dieser Region immer wieder Neues entdecken.

Ranka Keser schreibt Sachbücher und Romane, sowohl unter ihrem richtigen Namen als auch unter einem Pseudonym. Sie stammt aus Rijeka, lebt aber seit ihrer Kindheit in Deutschland. Das Land ihrer Herkunft fasziniert sie wegen der dort gebotenen Vielfalt. Nach Dalmatien fährt sie zum Entspannen und Erkunden, wegen der kulturellen Sehenswürdigkeiten und der idyllischen Landschaft. In ihren Büchern geht es häufig um Kroatien, als Destination in ihren Sachbüchern oder als Setting in ihren Romanen.

DER ERSTE BLICK
AUF DIE REGION

Das Goldene Horn (Zlatni rat, s. S. 132) bei Bol
auf der Insel Brač ist weltberühmt. Selbst
bei Wind – auf einer der beiden Seiten finden
sich immer gute Badebedingungen.

★ MERIAN TOP 10

Das sind sie – die Sehenswürdigkeiten, für die Dalmatien weit über seine Grenzen hinaus bekannt ist.

★1 Kirche des Heiligen Donatus, Zadar

Das Stadtsymbol ist die Kirche im Stil der byzantinischen Architektur. Sie stammt aus dem 9. Jahrhundert und befindet sich auf dem Areal des antiken Forums. → S. 74

★2 Kathedrale des Heiligen Jakob, Šibenik

Als Šibenik 1298 Bischofssitz wurde, entstanden Pläne zum Bau einer Kathedrale. Doch sollte es noch viele Jahre dauern, bis das Meisterwerk fertiggestellt wurde. → S. 79

★3 Altstadt von Trogir

Die einst von den Griechen im 3. Jahrhundert v. Chr. gegründete Stadt ist eine der ältesten in Kroatien. In der attraktiven Altstadt sind bedeutende Bauwerke aus dem Mittelalter erhalten und können besichtigt werden. → S. 100

★4 Diokletian-Palast, Split

Die für Kaiser Diokletian um das Jahr 300 erbaute Palastanlage dominiert das Zentrum von Split. Sie beeindruckt durch ihre wehrhaften Mauern und riesigen Ausmaße und ist bereits seit 1979 UNESCO-Weltkulturerbe. → S. 105

★5 Goldenes Horn, Insel Brač

Die Spitze des Zlatni rat ragt weit ins Meer hinaus. Je nach Strömung wandert sie nach Westen oder Osten. Kroatiens berühmtester Strand bietet feinen, goldfarbenen Kies. → S. 132

★6 Hauptplatz von Hvar

Der größte Hauptplatz Dalmatiens liegt malerisch in der Hafenstadt Hvar auf der gleichnamigen Insel, die als eine der sonnenreichsten Inseln Europas gilt. → S. 134

Der spektakulärste der Krka-Wasserfälle ist Skradinski buk. Auf einer Länge von 800 m stürzt das Wasser 46 m über 17 Stufen in die Tiefe – unten wird gebadet.

7 Rektorenpalast, Dubrovnik
In diesem Palast wohnte und regierte der jeweilige Rektor der Republik Ragusa. Das kulturhistorische Museum im Palast dokumentiert die Geschichte der Stadt. → S. 160

8 Altstadt von Korčula
Wie eine Fischgräte angeordnet, verzaubert die mittelalterliche Kulisse der Altstadt durch ihr mediterranes Flair. Ein architektonisches Juwel, das sich zu entdecken lohnt. → S. 172

9 Gipfeltour zum Sveti Jure
Vom mit 1762 m höchsten Gipfel im Naturpark Biokovo hat man einen herrlichen Blick auf die Inselwelt – bei klarem Wetter oft auch bis zur italienischen Ostküste. → S. 197

10 Krka-Wasserfälle
Neben vielen kleinen hat der Fluss Krka acht große Wasserfälle, sieben davon im Nationalpark. Bei einer Wanderung entdeckt man ein Naturwunder, ist dabei aber selten allein. → S. 202

MERIAN EMPFEHLUNGEN

Ungewöhnliche Perspektiven, charmante Orte und feine Details versprechen besondere Augenblicke.

1 **Heilig-Kreuz-Kirche, Nin**
Die kleinste Kathedrale der Welt: Im 9. Jahrhundert erbaut, hat sie historische Turbulenzen unbeschadet überstanden. → S. 68

2 **»Das Gold und Silber von Zadar«**
Kirchenkunst aus dem Mittelalter, von Benediktinernonnen über Jahrhunderte aufbewahrt und gehütet. → S. 73

3 **Nationalpark Kornati**
89 Inseln und Riffe zeigen eine reiche Flora und Fauna. → S. 94

4 **Archäologisches Museum, Split**
Das älteste Museum Kroatiens erzählt über Kolonialisierung der Griechen, römische Herrschaft sowie vom Mittelalter. → S. 113

5 **Brutal Bar & Kitchen, Split**
Anders, als der Name vermuten lässt, ein herzliches Lokal mit offener Küche und köstlichen Gerichten in der Altstadt. → S. 117

6 **Steinmetzschule, Insel Brač**
In der renommierten Ausbildungsstätte lernen künftige Steinmetze, den weltberühmten Bračer Stein zu verarbeiten. → S. 130

7 **Die Ebene von Stari Grad, Insel Hvar**
Von den Griechen im 4. Jahrhundert angelegt, ist diese Kulturlandschaft bis heute nahezu unverändert geblieben. → S. 142

8 **Die Blaue Grotte, Insel Biševo**
Ein Spalt unter Wasser taucht die Grotte in blaues Licht. → S. 147

Ein Zeugnis der reichen Vergangenheit Zadars vom 8. bis zum 18 Jh. ist die Ausstellung »Das Gold und Silber von Zadar« im dortigen Benediktinerinnenkloster.

DALMATIEN KOMPAKT

Daten und Fakten
Amtssprache: Kroatisch
Einwohner: 4,1 Mio. in Kroatien, davon 850 000 in Dalmatien
Fläche: 13 000 km^2 (Festland Dalmatien)
Größte Stadt: Split (167 000 Einwohner)
Größte Insel: Brač mit 395 km^2
Bevölkerungsreichste Insel: Korčula (ca. 17 000 Einwohner)
Vom Festland am weitesten entfernte Insel: Palagruža
Höchster Berg: Sveti Jure mit 1762 m (Naturpark Biokovo)
Längster Fluss: Cetina mit 100,5 km
Größter See: Vransko jezero
Religion: römisch-katholisch (ca. 10 % andere Religionen)
Währung: Kuna

Bevölkerung
Von den 4,1 Mio. Kroaten leben rund 850 000 in der Region Dalmatien. Die meisten Einwohner verzeichnet Split, wo auch mehrere Minderheiten leben. Im Jahr 2011 wurden hier 2500 Serben gezählt, daneben mit jeweils mehreren Hundert Personen: Nordmazedonier, Slowenen, Montenegriner, Bosniaken und Albaner. Bei dieser letzten Volkszählung 2011 verzeichnete Split über 178 000 Einwohner, heute sind es nur noch ca. 167 000. Die schon seit Jahren andauernde Auswanderung wird mit Sorge beobachtet und ist regelmäßig Thema in den Medien. Auch wenn es hauptsächlich Slawonien (Ostkroatien) ist, das von den jungen Menschen aufgrund mangelnder Perspektiven verlassen wird, verteilt sich das Problem über das gesamte Land. In Dalmatien ist es hauptsächlich das Hinterland, aus dem ausgewandert wird, doch auch in den Küstenstädten entschließen sich junge Menschen dazu. Diejenigen mit abgeschlossenem Studium treibt die Hoffnung auf bessere Karrierechancen ins Ausland. Auch auf den Inseln sind es meist die alten Menschen, die konstant hier leben. Die jüngeren Leute ziehen häufig aufs Festland, in die größeren Städte oder eben ins Ausland. Manche von ihnen verbringen aber die Sommerurlaube auf ihrer Heimatinsel.

Nach dem Tourismus sind Fischfang und Landwirtschaft für viele Einwohner wichtige Einnahmequellen. Die Jungen wandern häufig ab, ins Ausland oder in größere Städte.

Lage und Geografie

Dalmatien grenzt im Nordwesten an die kroatische Region Kvarner, im Nordosten an Bosnien und Herzegowina ,im Südosten an Montenegro. Die Region misst 12 000 km², was etwa einem Fünftel des kroatischen Territoriums entspricht. Von der 1777 km langen kroatischen Küste gehört der größte Teil zur Region Dalmatien. Sie ist von Gebirgen aus Karstgestein geprägt. Gleichzeitig bietet Dalmatien auch einiges an grüner Natur, in Natur- und Nationalparks kann gewandert werden. Die vielen Inseln sind sehr unterschiedlich in Größe, Aussehen, Vegetation und Typus (einsam, Jetset, Party ...). Küste und Inseln sind stark vom mediterranen, das Hinterland vom kontinentalen Klima geprägt.

Politik und Verwaltung

Die Region Dalmatien gliedert sich in die Verwaltungseinheiten (Gespanschaften) Zadar, Šibenik-Knin, Split-Dalmatien und Dubrovnik-Neretva. Unter wechselnden Regierungen der letzten Jahre hat sich das Land mehr und mehr demokratisiert und modernisiert. Die Wirtschaft wurde für private Investitionen geöffnet. Deutlich sind auch die Modernisierungen im Bereich der Infrastruktur. Im Jahr 2013 trat Kroatien der EU bei. Im Allgemeinen sind die Bürger mit der Politik eher unzufrieden. Sie empfinden die Staatsdiener zum großen

Obst, Gemüse und regional produzierte Waren wie Olivenöl und Wein werden auf den Märkten wie hier in Split verkauft. Der Export läuft jedoch schleppend.

Teil als überheblich und ignorant. Kritisiert wird, dass zu wenig gegen die wirtschaftlichen Probleme im Land getan würde – und deshalb auch das Problem der stetigen Auswanderung nicht aufhört.

Wirtschaft

Die wirtschaftlichen Probleme Kroatiens sind nach wie vor groß. Die hohe Mehrwertsteuer und die hoch bewertete nationale Währung Kuna sorgen für ein gehobenes Preisniveau bei gleichzeitig geringen Einkommen. Im Export tut sich die kroatische Wirtschaft schwer. Trotz oftmals überzeugender Qualität (z. B. bei Lebensmitteln wie Olivenöl, Wein oder Käse) sind nur wenige kroatische Produkte auf den Weltmärkten konkurrenzfähig. Auch die ehemals erfolgreichen Industriezweige, z. B. die Werften, können heute wegen der großen Konkurrenz nur schwer bestehen. Der bedeutendste Wirtschaftsfaktor in den Küstenbereichen ist mit Abstand der Tourismus. Verstärkt wird die schwierige ökonomische Situation durch eine relativ hohe Arbeitslosigkeit. Mit einer Quote von ca. 7 % und einer Jugendarbeitslosigkeit von ca. 18 % liegt Kroatien über dem EU-Durchschnitt. Mit Beitritt zur EU wurden Hoffnungen geweckt, dass sich die wirtschaftliche Lage schrittweise verbessert.

Sprache

Das Personal in den Touristenzentren spricht überwiegend Englisch, manchmal dazu Deutsch oder Italienisch. Die Amtssprache ist Kroatisch, doch wird in Dalmatien auch Dialekt gesprochen – Čakavski (Tschakawisch) wird an der gesamten kroatischen Küste angewendet von Istrien bis Süddalmatien –, unterscheidet sich jedoch regional, was meist nur Einheimische zuordnen können. Ein Bewohner Istriens z. B. nennt den Dialekt eines Dalmatiers also Dalmatinisch und nicht Čakavski, da er den Dialekt ja selbst spricht (nur eben etwas anders).

Nebenbei bemerkt

Kürzester Fluss: Ombla (bei Dubrovnik) mit 30 m

Olivenbäume: Laut Schätzungen gibt es etwa 6 Mio. Olivenbäume entlang der kroatischen Küste und auf den Inseln, etwa die Hälfte davon in Dalmatien.

Kirchenquoten: Auf der Insel Brač gibt es 116 Kirchen und 14000 Einwohner. Auf Šipan ist die Relation noch bemerkenswerter: 34 Kirchen bei 400 Einwohnern.

Splits Rekorde: Split hat mit 40 % die höchste Scheidungsrate. Die meisten kroatischen Medaillengewinner Olympischer Spiele kommen aus Split.

Klima (Mittelwerte)

	Januar	Februar	März	April	Mai	Juni	Juli	August	September	Oktober	November	Dezember
Tagestemperatur	12	12	14	17	21	25	28	28	25	21	17	13
Nachttemperatur	6	6	8	11	15	19	21	21	18	14	10	7
Sonnenstunden	4	5	6	7	9	10	11	11	9	7	4	3
Regentage pro Monat	11	11	9	8	8	4	3	3	6	9	13	13
Wassertemperatur	13	13	13	15	17	22	23	24	22	20	18	15

GESCHICHTE

Die Griechen gründeten Kolonien, und die Römer errichteten bedeutende Städte. Die Osmanen versuchten, Gebiete zu erobern, und Venedig und Ungarn walteten über die Region, kurzzeitig auch Napoleon sowie Mussolini.

Frühe Kolonialisierung (2./3. Jt. v. Chr. und 2. Jh. v. Chr.)
Einer der illyrischen Stämme, die Delmaten bzw. Dalmaten, siedeln im Küstenbereich zwischen den Flüssen Krka und Neretva. Die **Griechen** kolonialisieren Teile des heutigen Dalmatiens. Ab dem 2. Jahrhundert v. Chr. setzt die Periode der römischen Besiedlung ein. Die Illyrer werden von den Römern militärisch besiegt und als Einwohner der Provinz Illyricum in das **Römische Reich** eingegliedert.

Die Slawen kommen (6./7. Jh.)
Zu Zeiten der großen Völkerwanderung besiedeln die Slawen das Territorium des heutigen Kroatiens. Auch die **Awaren** (ein Reitervolk aus Vorderasien) dringen in das Gebiet ein und lassen sich nieder. Die **Slawen** kommen vermutlich zum größten Teil aus Gebieten, die heute zu Polen, Tschechien, zur Ukraine und zur Slowakei gehören.

Ungarn und Venedig (11./12. Jh.)
Im Jahr 1102 wird ein Vertrag zwischen dem **ungarischen König Koloman** und dem kroatischen Adel unterzeichnet, die sogenannte *pacta conventa* (deren Authentizität umstritten ist), in dem der Eintritt in die Personalunion besiegelt wird. Koloman wird König von Kroatien und Dalmatien.

Die **Seemacht Venedig** kontrolliert den Handel über die dalmatinische Küste und unterbindet jeden Versuch der Dalmatier, eigene Handelsunternehmungen zu starten. Gehandelt wird vor allem Salz aus den Salinen. Mehrere Aufstände der Stadt Zara (Zadar) werden niedergeschlagen.

In nur zehn Jahren ließ sich Kaiser Diokletian einen pompösen Altersruhesitz bauen (295–305 n. Chr.). Der Diokletian-Palast (s. S. 105) bildet heute die Altstadt von Split.

Aufschwung der Stadtrepublik Ragusa (1272)

Die **Republik Ragusa** (Dubrovnik) kann gegenüber Venedig ein Stadtstatut durchsetzen, das zahlreiche Privilegien umfasst. Durch kluge Diplomatie gelingt es Ragusa, das Monopol für den Salzhandel zu erwerben. Es wird zu einer bedeutenden Handelsmacht und untergliedert sein Territorium in Fürstentümer. Mit dem Erstarken der britischen, niederländischen und französischen Handelsflotten beginnt am Ende des 16. Jahrhunderts der wirtschaftliche Niedergang. Die Handelsschiffe erweisen sich wegen versäumter Modernisierung für den Handel mit Übersee als unzureichend. Das Erdbeben im Jahr 1667 tut ein Übriges.

Venedig setzt sich gegen Ungarn durch (15. Jh.)

Das Königreich Ungarn versucht, Venedig die Dominanz über die dalmatinische Küste streitig zu machen. Anfang des 15. Jahrhunderts wird Ungarn durch die Angriffe der Türken geschwächt. In der Konsequenz gelingt es Venedig 1409, dem ungarischen König für 100 000 Dukaten Dalmatien abzukaufen. Im 15. Jahrhundert wird **Venedig** zur beherrschenden Großmacht.

Napoleons kurze Herrschaft (1797)

Im Jahr 1797 geht die Vorherrschaft Venedigs zu Ende. In den Folgejahren übernimmt Frankreich die Macht in Dalmatien, und **Napoleon** herrscht über die Illyrischen Provinzen (Küste

Die Republik Ragusa, mit dem heutigen Dubrovnik als Zentrum, konnte sich bis Anfang des 19. Jh. als Stadtstaat und Seerepublik behaupten.

samt Hinterland) von 1809 bis 1813. Ragusa verliert im Jahr 1808 seine Unabhängigkeit und wird Dalmatien angegliedert. Nach dem **Wiener Kongress** 1815 wird Dalmatien der österreichischen Monarchie zugesprochen und ab 1816 zu einem eigenen Teilkönigreich erhoben.

Anschlüsse, Abtretungen, Faschismus (1918–1945)

Nach dem Zusammenbruch Österreich-Ungarns 1918 fällt Kroatien unter den Staat der Slowenen, Kroaten und Serben (SHS). Vier Wochen später schließt sich Kroatien dem Königreich der Serben, Kroaten und Slowenen an, unter Führung des serbischen Königs. Der lässt den Staatsnamen 1929 in Königreich Jugoslawien ändern. Im **Zweiten Weltkrieg** bildet sich ein eigener kroatischer Staat (NDH), der von Hitler und Mussolini unterstützt wird. Angeführt wird die nationalistische Ustaša-Bewegung von Ante Pavelić. Um seine Macht zu halten, überlässt Pavelić 1941 Mussolini die kroatische Küste. Nach dem Krieg fallen die Gebiete wieder an Kroatien (damals Teil Jugoslawiens) zurück.

Jugoslawien und Tito (1946)

Während des Zweiten Weltkriegs haben die Partisanen den Widerstand gegen die italienischen, deutschen und kroatischen Faschisten geführt. Führer der Partisanen war Josip Broz, der im

Untergrund das Pseudonym **Tito** angenommen hatte. Nach dem Zweiten Weltkrieg wird unter dessen Führung die **Sozialistische Föderative Volksrepublik Jugoslawien** gegründet (Kroatien, Serbien, Slowenien, Bosnien-Herzegowina, Mazedonien und Montenegro). Als Tito 1980 stirbt, verschärfen sich die Spannungen im Vielvölkerstaat. Bei den Wahlen 1990 siegt in Kroatien die Partei HDZ, unter Führung des Vorsitzenden und späteren Präsidenten Franjo Tuđman. 1991 findet ein Referendum statt, bei dem die Bevölkerung für die Unabhängigkeit stimmt.

Unabhängigkeit und Krieg (1991)

Kroatien (ebenso Slowenien) löst sich von Jugoslawien und erklärt seine staatliche **Souveränität.** Ein Aufstand der serbischen Minderheit wird von der jugoslawischen Armee unterstützt, die auch Gebiete in Kroatien besetzt. Es kommt zum **Krieg;** etwa ein Drittel des kroatischen Territoriums wird vom serbischen Militär besetzt. Im Herbst 1991 werden Dubrovnik und andere Städte von ihnen beschossen. Im Jahr 1992 erkennt Deutschland die Unabhängigkeit Kroatiens an; Kroatien wird in die UN aufgenommen. Im August 1995 wird die Krajina von kroatischen Truppen eingenommen. Im Zuge der Rückeroberung fliehen Tausende Serben aus dem Gebiet. Der Krieg in Kroatien dauerte bis 1995.

Aufbruch ins neue Jahrtausend

Nach dem Tod Franjo Tuđmans 1999 kommt es ein Jahr später zu einer neuen Regierung unter Führung des sozialliberalen Politikers Ivica Račan. Stipe Mesić von der Volkspartei HNS wird neuer Staatspräsident Kroatiens. Er setzt sich in aller Deutlichkeit von der autoritären Politik seines Vorgängers Franjo Tuđman ab.

Im Sommer 2009 wird Kroatien in die NATO aufgenommen. Am 1. Juli 2013 wird das Land 28. **Mitglied der EU.** Seit 2016 ist Andrej Plenković (HDZ) Premierminister. Im Januar 2020 wird der ehemalige Premierminister und Sozialdemokrat Zoran Milanović zum neuen Präsidenten gewählt und löst die konservative Amtsinhaberin Kolinda Grabar-Kitarović ab.

Jelena Slavna, hier eine Büste aus dem 20. Jh., bestieg 969 für ihren minderjährigen Sohn Stjepan Držislav den Thron. Auf ihn soll das kroatische Schachbrett zurückgehen.

JELENA DIE GLORREICHE

Empathische Königin und Mutter des »Wappenerfinders«

Es sind nur wenige Frauen, die in den Geschichtsbüchern dieser Welt auftauchen. Einige Ehefrauen der kroatischen Könige und Fürsten sind namentlich bekannt, doch weiß man nicht viel über sie. Eine Ausnahme bildet **Jelena die Glorreiche (Jelena Slavna).** Nach dem Tod ihres Gatten Mihajlo Krešimir II. wurde sie Königin, weil ihr Sohn Stjepan Držislav noch minderjährig war. Jelenas Ruhm hält sich über Dalmatien hinaus in Grenzen. Dabei war sie eine interessante Persönlichkeit. Angeblich entstammte sie dem Adelsgeschlecht der Madijevci (Lat. Madius), einer einflussreichen Patrizierfamilie aus **Zadar,** doch das wird für immer eine Vermutung bleiben. Nach dem Tod ihres Gatten im Jahr 969 bestieg sie den Thron. So heißt es offiziell, denn einige Historiker vermuten, König Mihajlo Krešimir II. sei mindestens zehn Jahre früher gestorben. Wie lange genau Jelena als Königin fungierte und wann ihr Sohn Stjepan Držislav den Thron bestieg, ist nicht eindeutig geklärt. Möglicherweise herrschte sie nur kurze Zeit und stand ihrem Sohn beratend zur Seite. Es ist aber auch denkbar, dass sie jahrelang allein regierte.

Königin Jelena ließ in **Solin** die Kirchen des Heiligen Stjepan und der Heiligen Marija errichten. Die Kirchen fielen Tataren, Osmanen – und nach wiederholtem Aufbau – einem Brand zum Opfer. Wie seinerzeit üblich, wurden neue Kirchen auf den Überresten gebaut. Im Jahr 1898 sollte die 1880 errichtete **Kirche Gospe od Otoka** (ehem. Kirche der Heiligen Marija) einen Glockenturm bekommen. Beim Graben für das Fundament stießen Arbeiter auf Überreste alter Mauern. Das weckte das Interesse des Pfarrers und Archäologen Frane Bulić. Er entdeckte einen Sarkophag mit **Epitaph,** zerbrochen in 90 Stücke. Darauf stand das Sterbedatum 8. Oktober 976, in diesem Grab ruhe die glorreiche Jelena, Gattin des Königs Mihajlo und Mutter des Königs Stjepan. Dass Jelenas gute Taten wahren Ursprungs sein müssen, wird durch den lateinischen Text auf der Inschrift untermauert. Darauf heißt es, sie sei die Mutter des Königreichs gewesen, die Mutter der Armen und Beschützerin der Witwen. Nachdem ihr Sohn zum König gekrönt worden war, verbrachte sie die restlichen Jahre ihres Lebens im Kloster und unterstützte die Bedürftigen. Ihr Vermögen soll sie für kirchliche und humanitäre Zwecke verwendet haben. Alles deutet darauf hin, dass Jelena ein mitfühlender Mensch gewesen ist. Umso schmerzhafter muss sie den Umstand empfunden haben, dass ihr Gatte aus Machthunger seinen Bruder töten ließ, um König zu werden.

Heute tragen viele Straßen, Plätze und Parks in Dalmatien ihren Namen, wie ein Park in Zadar. Während ihrer kurzen Regentschaft hat sie jedenfalls mehr bewirkt als viele Adlige, die jahrzehntelang regierten und das einfache Volk ausbeuteten.

Das **kroatische Schachbrett,** Symbol und Teil der Fahne, ist mit einer Legende über Jelenas Sohn Stjepan Držislav verknüpft: Der König setzte sich gegen Venedig zur Wehr, das mit der kroatischen Küste liebäugelte. Während eines Kampfes geriet er in Gefangenschaft in Venedig. Dem Dogen Pietro II. Orseolo kam zu Ohren, der kroatische König sei ein guter Schachspieler. Er ging zu Držislav und sagte, wenn er beim Spiel gewinne, schenke er ihm die Freiheit. Držislav gewann, der Doge hielt sein Wort, und Držislav trug das Schachbrettmuster fortan als Wappen.

LANDSCHAFT

Einen Urlaub an Dalmatiens Küste buchen viele Touristen aus dem Wunsch heraus, sich an den Stränden zu sonnen und im Meer zu schwimmen. Doch Dalmatien hat in landschaftlicher Hinsicht noch weit mehr zu bieten.

Krka-Wasserfälle: ein Naturspektakel

Auf einer Fläche von 110 Quadratkilometern erstreckt sich der Nationalpark Krka. Von den sieben Wasserfällen ist **Skradinski buk** der bekannteste. Über 17 Stufen fällt das Wasser tosend hinab. **Roški slap** beeindruckt durch eine Breite von bis zu 400 Metern. Der überwältigende Reichtum an Flora und Fauna macht Krka ebenso besonders wie die Vielzahl von Höhlen und Grotten. Die Höhle **Oziđana pećina** ist für Besucher geöffnet. Inmitten des Nationalparks liegt die kleine Klosterinsel Visovac, in dessen Kloster auch ein Museum untergebracht ist (→ S. 202).

Raue Schönheit Kornati

Rund 800 bodennahe Pflanzenarten haben Experten hier ermitteln können. Erheblich ist auch die Zahl der Seevögel. Besonders selten, empfindlich und artenreich ist die Unterwasserwelt des Archipels. Sie in ihren Beständen zu schützen war ein wesentlicher Grund für die Schaffung des **Nationalparks Kornati.**

Es gibt mehrere Anbieter, die mit Touristen Schiffstouren durch den Nationalpark unternehmen. Innerhalb des Parks gelten strikte Restriktionen, aber die Besucher dürfen die Inseln betreten und sich ein Bild von Vegetation, Geologie und hinterlassenen Bauwerken machen. Die Zahl der jährlichen Besucher hält sich bis jetzt in Grenzen (→ S. 94).

Gebirgsflora im Naturpark Biokovo

Eine artenreichen Flora und Fauna findet sich im **Naturpark Biokovo.** Das gesamte Gebirgsmassiv ist bekannt für seine Pflanzenpracht, auch einige endemische Arten gibt es hier,

Meer, Inseln – und viele Berge: Wanderer genießen die Aussicht beim anstrengenden Aufstieg von Makarska auf den Berg Vosac (Mitte) im Biokovo-Gebirge.

überdies einen großen Schwarzkiefernwald. Das zerklüftete Bergland steigt bis zu einer Höhe von 1762 Metern **(Sveti Jure)** an. Geprägt ist das Gebiet von Dolinen und anderen Karsterscheinungen wie der 788 Meter tiefen Amfora-Grotte.

Wer diesen geschützten Naturraum gründlich und facettenreich erleben will, sollte sich für eine Wanderung ausreichend Zeit nehmen. Die Wanderwege sind in ihren Schwierigkeitsgraden sehr unterschiedlich! Auch sollte man sich vorher über die Wetterverhältnisse erkundigen und an Sonnenschutz sowie ausreichenden Wasservorrat denken. Touren organisieren die Touristenbüros der anliegenden Orte.

Beste Aussicht vom Sveti Ilija

Das Gebirgsmassiv **Sveti Ilija** ist 961 Meter hoch. Es liegt nahe der Ortschaft Orebić auf der Halbinsel **Pelješac** und ist einer der schönsten Aussichtspunkte überhaupt. Etwa drei Stunden steigt man durch wildes Buschland und Steineichenwälder auf, ehe man eine zerklüftete Karstlandschaft erreicht. Auf dem Gipfel genießt man die wunderbar weiten Blicke bis zum Festland oder über die Inseln und erfreut sich an der Stille hier oben.

Es gibt mehrere Zugänge zum Gipfel. Der Aufstieg von Urkunići östlich von Ruskovići ist die anspruchsvollere Variante, da er sehr steil ist. Empfehlenswert ist die beliebte Route von Bilopolje aus. Der Parkplatz befindet sich beim Franziskanerkloster, zwei Kilometer westlich von Orebić (→ S. 195).

Mljet ist eine der am stärksten bewaldeten Inseln im Mittelmeer. Tauchen, Schwimmen – auch in den beiden Salzseen – und Wandern sind auch im Nationalpark erlaubt.

Die grüne Insel

Im Nordwesten der Insel **Mljet** wurde bereits im Jahr 1960 ein Nationalpark eingerichtet. Auch hier sind es eine reiche Flora und Fauna, die dieses Areal so attraktiv machen. Besonders beliebt bei Besuchern sind die beiden Salzseen, die durch unterirdische Kanäle mit dem Meer verbunden sind. Nicht wenige Besucher nutzen die Möglichkeit, in den Seen zu baden. Das Wasser darin ist kristallklar und die Kulisse malerisch.

Auch historische Denkmäler, Ruinen und ein Benediktinerkloster aus dem 12. Jahrhundert befinden sich im Bereich des Nationalparks. Wer möchte, kann von hier aus die nahe gelegene Klosterinsel Sveta Marija besuchen (→ S. 182).

Ein Archipel der Ruhe

Bis jetzt herrscht in diesem wunderbaren Archipel kein Massentourismus. Vielleicht hat es sich noch nicht herumgesprochen, wie unglaublich schön es hier ist. Oder es ist den Touristen zu ruhig, denn für Ruhesuchende ist die Insel optimal. Der **Naturpark Lastovo** wurde 2006 zum solchen erklärt und ist somit der jüngste Naturpark des Landes. Er umfasst die Insel Lastovo und die kleinen, vorgelagerten Inseln. Der Archipel ist zu 70 Prozent bewaldet, das Meer tiefblau und harmoniert wunderbar mit dem Grün der Wälder (→ S. 178).

Ein Stück Lebensqualität

Beim Kaffee macht man keine Kompromisse. Oder vielmehr: beim Kaffeetrinken. Die **Kaffeekultur** ist in Kroatien zu sehr etabliert, als dass man zu Coffee to go übergehen würde. Vielleicht wird sich das durch die nachkommenden Generationen ändern, aber es wird sicher noch eine ganze Weile so bleiben. Auch deshalb sehen die hippen Coffee-to-go-Ketten erst mal von Kroatien als Standort ab – und das ist gut so für alle Beteiligten. Starbucks wäre hier schneller in den roten Zahlen als ein Bikiniverkäufer auf Grönland.

Das Kaffeetrinken bedeutet in Kroatien Kommunikation. In Cafés werden Freundschaften gepflegt und Geschäfte abgewickelt. Hier verbringt man seinen freien Nachmittag oder schaut zum Feierabend vorbei. Mit einem Pappbecher zum Mitnehmen kann man in diesem Land nichts anfangen. Der Sinn des Kaffeetrinkens ginge dabei völlig verloren. Wenn man in Kroatien nicht lang nach etwas suchen muss, dann ist das eine *caffé bar,* wie das Café hierzulande offiziell heißt. Umgangssprachlich sagt man *kafić,* und das selten gewordene *kavana* ist ein alter Ausdruck für Café, womit heute eher die gehobenen Kaffeehäuser bezeichnet werden.

In den Augen mancher Touristen scheinen die Innenstädte überfrachtet mit Cafés, vor allem an Flaniermeilen und auf den Stadtplätzen, in historischen Gebäuden ... »Und alle sind voll!«, wundert sich der eine oder die andere. Die Verwunderung darüber ist nachvollziehbar. Doch unter den Gästen verstecken sich auch viele Touristen; außerdem hat jeder seine Prioritäten. Wenn man in einer deutschen Stadt ins Kaufhaus oder Einkaufszentrum geht, kann man das nur selten ohne Gedränge tun – selbst heute noch, in Zeiten der Internetbestellungen. Was für manche wohl das Shoppen ist, ist für andere das Kaffeetrinken. Beides lässt die Geldbörse am Monatsende etwas schmaler aussehen, doch man frönt seinen Freuden, jeder auf seine Weise ...

ARCHÄOLOGISCHE STÄTTEN

Spuren, die weit zurückreichen in die Geschichte Dalmatiens, lassen sich in jeder Stadt und auf vielen der Inseln finden – und manchmal auch an abgelegenen Orten.

Auf dem Hochplateau von Bribirska glavica

Die archäologische Fundstätte **Bribirska glavica** war eine illyrische Siedlung, die in der römischen Antike Varvaria hieß. Sie liegt in der Nähe der Krka-Wasserfälle. Bereits 1910 fanden hier erste Ausgrabungen statt – ein bedeutendes Stück Zeitgeschichte, das weit zurückreicht. Von den Liburnern über die Antike bis zum Mittelalter. Hier finden sich auch Spuren frühkroatischer Geschichte. Die Ausgrabungsstätte liegt auf einem 300 Meter hohen Berg. Auf dem 72 000 Quadratmeter großen Plateau sind Überreste von Zisternen, Sarkophagen, sakralen Bauten sowie Festungsmauern zu sehen. Es finden sich antike und altkroatische Grabstätten sowie die Überreste eines Palastes, den der adlige Šubić errichten ließ. Nebenbei wird man auch mit einer schönen Aussicht belohnt.

Das antike Salona

Im heutigen **Solin** sind die Überreste der einstigen Siedlung Salona (Colonia Martia Iulia Salonae) zu besichtigen. Im Jahr 48 v. Chr. rief Caesar Dalmatien zur römischen Provinz und Salona zu deren Hauptsitz aus. Es wurde über viele Jahre die Hauptstadt Dalmatiens und wurde auch Valeria genannt. Berühmtester Sohn aus Salona ist der hier um das Jahr 240 n. Chr. geborene spätere Kaiser **Diokletian.** Die Einwohnerzahl belief sich damals auf ca. 60 000 Einwohner. Im 7. Jahrhundert wurde Salona von Awaren weitgehend zerstört. Um sich in Sicherheit zu bringen, flüchtete die Bevölkerung in den Diokletian-Palast und auf die Inseln. Unter anderem sind Ruinen von Thermen,

Im von korinthischen Säulen umrahmten Peristyl des Diokletian-Palasts in Split zeigte sich der Kaiser seinerzeit seinen Untertanen und empfing offizielle Gäste.

Tempel und des Amphitheaters zu besichtigen. Wer Split besucht, sollte die kleine Mühe nicht scheuen und unbedingt einen Abstecher nach Solin machen (→ S. 122).

Narona – die Überreste einer antiken Stadt
Vid bei **Metković** liegt im schönen und fruchtbaren Neretva-Delta. Hier gedeihen Mandarinen, Wassermelonen, Äpfel und Birnen in rauen Mengen. In Vid fanden bereits 1877 Ausgrabungen statt. Etwa 20 Jahre später führte der österreichische Archäologe Carl Patsch intensivere Untersuchungen durch. Während der nächsten Jahrzehnte wurde das Gebiet durch ein archäologisches Expertenteam aus Split untersucht. Im Laufe des 20. Jahrhunderts stieß man u. a. auf die Ruine einer Basilika und die Marmorbüste Kaiser Vespasians. Während der Ausgrabungen 1995/96 wurden dann unter einem Stall die Überreste eines römischen Tempels sowie 17 Marmorstatuen (ohne Köpfe) entdeckt. Gegründet wurde **Narona** im 4. Jahrhundert v. Chr. von Griechen, die sich im Neretva-Delta niedergelassen hatten und von hier aus Handel betrieben. Im frühen 1. Jahrhundert übernahmen die Römer Narona. Auch nach dem Zerfall Roms war die Stadt besiedelt. Dalmatier machten Narona zum Bischofssitz. Im örtlichen Museum und archäologischen Park können die Fundstücke besichtigt werden (www.tzmetkovic.hr).

GÄRTEN

Die Dalmatier lieben ihre Küste und das Meer, doch hegen sie auch eine große Leidenschaft für Blumen und Pflanzen. Das sieht man an den Gärten vor den Häusern, an Stadtgärten und den originellen Besuchergärten.

Der neue Klostergarten

Fast 100 Jahre war er in Vergessenheit geraten und nicht für die Öffentlichkeit zugänglich: Der **Klostergarten des Laurentiusklosters (Sveti Lovre) in Šibenik.** Dann nahm sich der renommierte Parkarchitekt Dragutin Kiš seiner an. Nach einer umfassenden Neuausrichtung wurde er schließlich 2007 für Besucher geöffnet. Zum Klostergarten zählen neben Kreuzweg und Brunnen mehrere Bepflanzungsflächen; darunter auch ein Bereich mit Heil- und Gewürzkräutern. Als die herausragenden Attraktionen gelten die alten Rosenstöcke, unterschiedliche Thymianvarianten sowie Kapernbüsche.

Šibenik | Strme Stube 1 (Ulica Andrije Kačića, Nordseite) | Tel. 0 22/21 25 15 | tgl. 9–24 Uhr

Das Arboretum von Trsteno

Dieses Juwel subtropischer Pflanzenpracht liegt in **Trsteno** in der Nähe von Dubrovnik. Am Eingang wird der Besucher von zwei Platanen empfangen, die über 400 Jahre alt und die höchsten in Europa sind. Das Arboretum selbst geht auf die Anlage eines Renaissanceparks durch die Adelsfamilie Gučetić-Gozze im Jahr 1492 zurück. Während des gesamten 16. und 17. Jahrhunderts zog es Dichter, Künstler und Philosophen an diesen Ort. Nach dem schweren Erdbeben im Jahr 1667 wurde der Prachtgarten umgebaut. Die 28 Hektar große Anlage ist seit 1962 mit rund 400 Pflanzenarten als Monument der Gartenarchitektur geschützt und ist eine Kombination von Kultur- und Naturerbe mit der ältesten Sammlung exotischer Pflanzen. Zu besichtigen gibt es Schmuckfontänen, Brunnen, Wasserkanäle,

Das Arboretum von Trsteno zeigt seit mehr als fünf Jahrhunderten Pflanzen- und Kulturgeschichte – hier der Neptunbrunnen mit Renaissance-Elementen.

Steinskulpturen und Statuen. Sehenswert sind die historischen Olivenhaine sowie alte, überaus würdige Bäume und Palmen.

Trsteno (15 km nordwestl. von Dubrovnik) | Potok 20 | Tel. 0 20/75 10 19 | www.tzdubrovnik.hr | tgl. 7–19 Uhr

Die Olivengärten von Lun

Auf sieben Kilometern erstreckt sich der Weg durch die Olivengärten von **Lun** (Vrtovi Lunjskih maslina). Der Ort liegt im Norden der Insel Pag, hier gibt es seit Jahrhunderten unzählige Olivenbäume, Schätzungen zufolge 80 000. Der älteste Baum wird auf 1600 Jahre geschätzt. Einige Exemplare sind gigantisch breit und mehrere Meter hoch. Die mit Steinen verflochtenen Wurzeln zeigen einen skurrilen Wuchs (www.olive-gardens.eu).

Die Gärten auf Lokrum

Auf der Insel bei **Dubrovnik** sind sowohl der Garten am ehemaligen Benediktinerkloster als auch der botanische Garten mit einer Vielzahl heimischer und exotischer Pflanzen sehenswert. Mit der Bepflanzung hatten vor 1000 Jahren die Mönche begonnen. Die gesamte Insel ist eine Pracht an grüner Natur, auf der u. a. Zypressen in großer Zahl gibt (→ S. 190).

Seit 2000 ist die Perunika (Schwertlilie) die kroatische Nationalblume. Wo die Blitze des altslawischen Donnergotts Perun einschlagen, sollen die Blumen wachsen.

PERUNIKA

Die besondere Blume

Im Jahr 2000 hat die Kroatische Akademie der Wissenschaften und Künste die **Perunika** zu Kroatiens Nationalblume ernannt. *Perunika* ist der kroatische Name für die Schwertlilie oder Iris. Der Name Iris wiederum stammt aus der griechischen Mythologie. Iris ist dort die Göttin des Regenbogens. Die Griechen sollen zur Zeit der Kolonialisierung des heutigen Dalmatiens aus dieser Blume ätherisches Öl gewonnen haben. Der kroatische Name *perunika* leitet sich wiederum aus der slawischen Mythologie ab. Perun ist darin der Gott des Donners und des Blitzes. Der Legende nach wächst die Blume dort, wo ein Blitz eingeschlagen hat.

Tatsächlich findet sich die Perunika meist in karstigen Felsen und auf Gebirgswiesen, aber auch in der Nähe von Meeres-, See- oder Bachufern. Es gibt weit über 200 Arten der Iris, auf kroatischem Territorium sind 15 Arten zu finden, fünf davon sind **endemisch bzw. subendemisch**. An Dalmatiens Küste und auf den Inseln kann man vier dieser Arten entdecken. Die fünfte ist *Iris croatica*, die fernab der Küste wächst – im kontinentalen Teil des Landes, hoch über dem Meer in bewaldeten Gebieten. Weil sie auch in Slowenien zu finden ist, gilt sie als subendemisch.

»Eine Blume in jedem Winkel der Erde, eine Blume, die als Symbol des Völkerfriedens verstanden wird.« Unter diesem Motto wurde die Perunika 2000 zur Nationalblume Kroatiens ernannt.

Iris adriatica wächst ausschließlich in Dalmatien. Ihre Art ist bedroht. Sie kommt in der Region Norddalmatiens vor sowie auf dem **Kornati-Archipel** und den Inseln **Vir** und Brač. Ihre Blätter sind gelb, rot oder violett. Die *Iris adriatica* gehört zu den zierlichen Arten und wird nur wenige Zentimeter groß. Sie blüht von März bis April.

Um einiges größer, mit 50 Zentimetern Höhe, wird die *Iris illyrica*. Ihre Blätter haben ein kräftiges Violett. Ihre Verbreitung reicht von Istrien bis nach Mitteldalmatien, etwa bis **Split**, es gibt sie auch auf einigen der Inseln. *Iris illyrica* gilt als subendemisch, da sie auch in Italien verbreitet ist. Sie blüht von April bis Mai.

Ein schönes Violett haben auch die Blätter der *Iris pseudopallida,* die bis zu einem Meter groß werden kann. Da sie auch in Bosnien-Herzegowina und Montenegro wächst, gilt sie als subendemisch. In Kroatien findet man sie in den Gebieten von Mittel- und Süddalmatien, sie blüht von April bis Juni.

Unter den kroatischen Perunikas ist *Iris rotschildii* die einzige, die durch natürliche Kreuzung zustande kam. Erstmals erwähnt wurde sie in den 1930er-Jahren von dem ungarischen Botaniker Árpád von Degen. *Iris rotschildii* ist eine Kreuzung zwischen *Iris illyrica* und *Iris variegata*. Ihre Blätter sind violett und gelb, mit Streifenmuster. Nach heutigem Kenntnisstand wächst die *Iris rotschildii* ausschließlich im **Velebit-Gebirge**.

Die Bedrohung einiger Arten hat mehrere Gründe: der Ausbau der Infrastruktur, das Wachstum der Siedlungen, ein stärkeres Vordringen in die Natur durch den Menschen. Wegen ihres hübschen Aussehens wird die Perunika leider auch gepflückt.

SANFTE BRISEN UND STÜRMISCHE WINDE

Der Maestral haucht dem heißen Sommertag Frische ein.
Er ist ein »guter« Wind und erfreut die Wassersportler.
Doch wenn der Jugo von Süden weht, schreien die Katzen
besonders laut. Auch sonst wird ihm Böses nachgesagt.
Nur Tramontana und Bura sind noch wilder.

Der »gute« Maestral

Es gibt eine Instanz, die im Hochsommer Linderung verschafft: der **Maestral.** Morgens zwischen neun und zehn Uhr
kommt plötzlich aus nordwestlicher Richtung Wind auf, erst
zaghaft, dann immer kräftiger. Am Nachmittag steigert er sich
noch einmal, ehe er abends so plötzlich verschwindet, wie er
am Morgen gekommen ist. Segler und andere Wassersportler
preisen den Maestral als »guten« Wind. Die Segelboote verlassen den Hafen und stechen in See. Experten bezeichnen ihn
als thermischen Tageswind, der durch die unterschiedlich
schnelle Erwärmung von Meer und Land verursacht wird. Am
Tag erwärmt sich die Oberfläche des Festlands zügiger als die
des Meeres. Dadurch steigen Luftströmungen über dem Land
auf, die später über dem Meer wieder nach unten strömen und
so einen geschlossenen Kreislauf bilden.

Ein Wind schlägt aufs Gemüt

Manchmal bringt der **Jugo** (Scirocco) Wolken und Regen,
überdies auch Schwüle. Ein anderes Mal kommt er trocken daher, angefüllt mit staubig heißer Luft. Er kommt aus südlicher,
manchmal aus südöstlicher Richtung. Immer führt er zu fal-
lendem Luftdruck, weil er mit einem Tiefdruckgebiet über der
Adria einhergeht. Meist startet er als trockener Wind in Nord-
afrika und weht von dort nordwärts. Fischer und Segler wissen: Er entwickelt sich langsam und baut sich nach und nach

Von allen Seiten kann einem in Dalmatien der Wind um die Ohren pfeifen. Hier bei Tučepi, südlich von Makarska, ist das als Windrose in Stein gemeißelt.

auf. Oft weht er gleichbleibend, nicht selten eine ganze Woche lang. Segler halten ihm zugute, dass er nicht allzu stürmisch und unvermittelt auftritt.

Was wird dem Jugo nicht alles nachgesagt: Er hängt den Menschen Bleikugeln an, sät Zwietracht, Heimtücke, Eifersucht und Lüge. Er ruft traurige Gedanken, Melancholie und Unbeherrschtheit hervor. Es kommt zu Raufereien unter Jugendlichen, und die Katzen schreien dann besonders laut.

Die Tramontana

Sie kommt mit frischem Atem von den Bergen herunter und schmeckt nach Stein, Schatten, Schlucht und herben Kräutern. Sie hat in der Stimme das Gepolter von Felsbrocken … Die Dalmatier wissen genau, was sie von diesem aus nördlicher oder nordwestlicher Richtung wehenden Wind zu erwarten haben: vor allem kühle Luft. Normalerweise weht die **Tramontana** mit mittlerer Stärke. Ab und zu kann sie sich aber durchaus zu Böen und kräftigen Stößen aufschwingen. Stets bleibt sie kühl. Manchmal schleift sie klares, schönes Wetter herbei oder kündigt zumindest eine Schönwetterfront an. Im Herbst

und Winter kann es vorkommen, dass sie eine Verschlechterung des Wetters mit sich bringt. Dann folgen unfreundliche Windböen, begleitet von heftigen Regenschauern.

Der Lebić: wuchtig, aber kurzlebig

Oft spielt sich der **Lebić** auf, wenn sich ein Tief über dem Mittelmeer nach Osten verlagert und sich auf die kroatische Küste zubewegt. Es kommt zu wuchtigen, unberechenbaren Böen. Mit einem Mal wirbelt ein Sturm herbei und peitscht das Wasser zu Kreuzwellen auf. Es ist schon vorgekommen, dass der Lebić Unmengen von Wasser in nach Südwesten offene Buchten gedrückt und dort gefährliche Überschwemmungen verursacht hat. Segler fürchten diesen launigen, zu Jähzorn und Unbeherrschtheit neigenden Wind. Doch glücklicherweise hat er keinen langen Atem.

Die Königin der Winde: Bura!

Es ist der Wind, der alle anderen in den Schatten stellt. Keiner ist stärker, wilder und gefährlicher. Die Rede ist von der Bora, die in Kroatien **Bura** heißt. Sie entsteht als Fallwind, wenn eiskalte Luftmassen aus dem kroatischen Hinterland auf die lauwarme Adria treffen. Dann rast die Bura durch die Karsttäler der Küstengebirge auf das Meer zu, wo es zu explosionsartigen Entladungen kommen kann. Besonders massiv stürmt die Bura durch die Karstschlucht oberhalb der Ortschaft **Senj**. Der schwere Sturm braust meist nicht länger als drei Tage, währenddessen kann er Schiffe in Seenot bringen, Häuser abdecken und Bäume entwurzeln. Wer die Bura einmal in ihrer rohen Gewalt erlebt hat, wird sich beim nächsten Mal rechtzeitig in Sicherheit bringen. Immerhin, so sagen die Dalmatier, reinigt die Bura die Luft und fegt nach schwülheißen Sommermonaten jeglichen Unrat davon.

Dalmatien ist, wie hier vor der Küste Dubrovniks, ein hervorragendes Segelrevier mit den vielen Inseln und meist moderaten Winden, doch die Anzeichen eines nahenden Sturmes sollte man kennen.

AKTIVITÄTEN

Die Kroaten sind ein sportbegeistertes Volk, das zeigt sich auch in ihren Angeboten für Touristen. Wer seinen Dalmatienurlaub aktiv gestalten will, wendet sich am besten an eine regionale Agentur oder an die Touristeninformation vor Ort.

Tauchen

Es gibt eine Vielzahl von Tauchschulen und Tauchzentren. Sehr interessant sind die Tauchausflüge zum **Pakleni-Archipel.** Ein schönes Tauchrevier liegt unweit von Split: die Inseln **Šolta** und **Brač.** Auch die Gewässer in der Umgebung der Insel **Dugi otok** zählen zu den attraktivsten Tauchrevieren Norddalmatiens. Das Tauchen im **Kornati-Archipel** ist nicht ohne Guide erlaubt bzw. muss man im Besitz einer Taucherlaubnis sein.

Rafting

Beliebt sind Raftingtouren auf der **Cetina,** die bei Omiš in die Adria mündet. Gute Raftingmöglichkeiten bietet auch der Fluss **Krka.** Weite Teile sind allerdings als Nationalpark geschützt. Auch auf dem Fluss **Zrmanja** ist Rafting verbreitet. Er gilt als besonders wild und abenteuerlich. Die Fahrt durch das 15 Kilometer lange Schluchttal samt mehrerer Wasserfälle kann nur von geübten Raftingfans bewältigt werden.

Radfahren

Landschaftlich abwechslungsreich und gut zu fahren sind die Strecken auf den Inseln. Ein Erlebnis ist eine Fahrradtour auf der Hauptstraße, die sich über die Insel **Mljet** erstreckt. Auf **Lastovo** und **Vis** gibt es ebenfalls schöne Routen, die man in Eigeninitiative unternehmen kann. Wer Touren mit leichten Steigungen per Mountainbike vorzieht, wird das Straßennetz auf **Korčula, Hvar** und **Brač** vorziehen. Fast überall kann man Fahrräder oder Mountainbikes ausleihen, am besten über einen lokalen Anbieter vor Ort.

Kanu- und Kajakfahren sind überall an der Küste und auf den Inseln beliebt. Allein die Küstenlinie Dalmatiens ist 400 km lang. Dazu kommen die Inseln wie hier Lokrum.

Klettern

Spezielle Einrichtungen gibt es auf der Insel **Hvar** im Bereich der Ortschaften **Jelsa** und **Stari Grad.** Weitaus anspruchsvollere Möglichkeiten finden Kletterer in den Küstengebirgen unweit von **Omiš** oder nahe **Makarska** und **Tučepi** (Biokovo-Gebirge). Auch erfahrene Kletterer sind gut beraten, sich an eine Agentur zu wenden, da die Klettergebiete oft recht abgelegen sind.

Kanu und Tretboote

In nahezu allen touristischen Zentren an der Küste und auf den Inseln kann man Kanus und Tretboote leihen. Gemütliche Touren im Küstenbereich können auch von Anfängern bewältigt werden und bieten während des Urlaubs eine vergnügliche Abwechslung. Viele einsame Buchten, Strände oder nahe gelegene Inselchen können so erreicht werden. Außerdem kann man auf jeder Insel kleinere oder größere Boote ausleihen.

Windsurfen

Die attraktivsten Surfreviere liegen im **Pelješki-Kanal** zwischen Viganj auf Pelješac und der gegenüberliegenden Insel Korčula sowie im **Hvarski-Kanal** zwischen Bol auf Brač und Hvar. In den Gewässern vor Viganj fanden im Sommer 2013 die Windsurf-Weltmeisterschaften statt.

Feste Regeln gibt es beim Ballspiel Picigin nicht, das sich vom Strand Bačvice bei Split an der gesamten Adria ausbreitete, aber spektakulär sollte es schon aussehen.

PICIGIN

Kleiner Ball für große Männer

Splits Einwohner sind grundsätzlich sportbegeisterte Menschen. Viele der kroatischen Spitzensportler kommen aus dieser Stadt. Deshalb erstaunt es nicht, dass gerade in **Split** eine eigene Sportart erfunden wurde – das Ballspiel **Picigin.**

Genau genommen basiert die Grundidee des Spiels auf gewöhnlichem Wasserball. Anfang des 20. Jahrhunderts wurde eine Gruppe kroatischer Studenten in Prag auf Wasserball aufmerksam. Nach ihrer Rückkehr in die Heimat begann der Spliter Siegeszug von Picigin: Der Sandstrand Bačvice zeigte sich als nicht gerade optimal für Wasserball, weil das Wasser dort zu seicht dafür ist. So passte man das Spiel schlichtweg an die Bedingungen und Voraussetzungen an.

Picigin spielt man auf sandigem Boden und in seichtem Wasser. Es gibt keine Vorgabe, wie tief das Wasser sein muss, doch sollte es mindestens die Knöchel bedecken und höchstens bis zu den Knien reichen. Nur selten wird in tieferem Wasser gespielt, von Profis ohnehin nicht. Mit der Handfläche schlägt man sich, im Kreis stehend, gegenseitig den Ball zu. Dabei muss der Ball so lange wie möglich hin- und hergespielt werden und über der Wasseroberfläche bleiben. Er darf keinesfalls das Wasser berühren. Es handelt sich meist um einen Tennisball, von dem die Filzschicht und ein wenig der Gummierung mit einem scharfen Messer abgeschält werden. Der Ball wiegt durchschnittlich etwa 100 Gramm und wird *balun* genannt, was im dalmatinischen Dialekt »Ball« oder »Ballon« bedeutet (kroatisch: *lopta*).

Gespielt wird Picigin hauptsächlich von jüngeren Männern, obwohl Alter und Geschlecht grundsätzlich keine Rolle spielen. Nicht selten sind die Gruppen auch gemischt. Die Anzahl der Spieler ist zwar nicht festgeschrieben, doch ideal sind fünf Spieler. Bei Picigin wird nicht gegeneinander, sondern miteinander gespielt. Es gibt innerhalb der Gruppe also weder Gewinner noch Verlierer.

Seit 2005 findet die Weltmeisterschaft in Picigin statt. Natürlich in **Bačvice,** wo das Spiel entstanden ist und eine direkte Verbindung zum Picigin besteht. Zu diesem Wettkampf kommen die Teilnehmer aus ganz Kroatien, denn mittlerweile wird nicht nur an der Küste und auf den Inseln gespielt, sondern im ganzen Land. Im kontinentalen Teil spielt man Picigin eben in Seen und Flüssen.

Bewertet wird bei diesem Wettkampf nicht nur die Fähigkeit, den Ball so lange wie möglich in der Luft zu halten, sondern der Gesamteindruck der Mannschaft. Das Springen und Fallen, die Ästhetik sind mindestens genauso wichtig. Picigin erfordert Reaktionsschnelligkeit, Gefühl für räumliches Denken und den richtig dosierten Schlag, Präzision sowie Hingabe und Disziplin. Und nicht zuletzt die Akrobatik der Spieler und Spielerinnen. Der Sprung nach dem Ball sollte elegant und effizient sein. Die älteren Spieler sind den jungen Mitspielern nicht zwangsläufig unterlegen, allein wegen ihrer langjährigen Picigin-Erfahrung.

Traditionell wird auch am **Neujahrstag** gespielt. Hartgesottene frönen ihrer Leidenschaft das ganze Jahr über und lassen sich von der Kälte nicht abschrecken.

STRÄNDE

*Von winzigen felsigen Buchten bis zu großen Kies- oder
Sandstränden – die lange Küste und die vielen Inseln
bieten ein immenses Spektrum an Stränden. Regelmäßig
werden sie mit der Blauen Flagge ausgezeichnet.*

Unterschiedliche Erwartungen

Manche Touristen kommen seit Jahrzehnten und kritisieren
die heutige Kommerzialisierung. Es seien zu viele Strandbars,
Cafés und Kioske präsent. Früher wäre der Strand natürlicher
und authentischer gewesen. Andere wiederum bemängeln bei
manchen Stränden den fehlenden Service und empfinden die
Strände zusätzlich als überlaufen. Während der eine Besucher
es genießt, sich in der Sonne zu aalen, fehlt dem anderen der
Schatten. Möchte man in versteckten Badebuchten seine Stunden verbringen, muss man auch die oftmals schwierigen Zugänge und fehlenden Serviceeinrichtungen in Kauf nehmen.

FKK

An einigen Stränden gibt es Abschnitte für Nudisten und für
bekleidete Badegäste. Das ist meist nicht so beschlossen worden, sondern hat sich über die Zeit »eingebürgert«. Bei ausge-
wiesenen FKK-Stränden versteht es sich von selbst, dass bekleidete Badegäste nicht willkommen sind.

Hundestrände

Hundehalter sollten wissen, dass an einigen Stränden Hunde
ausdrücklich untersagt sind. Ein Schild am Strand gibt darüber
Auskunft. Offizielle Hundestrände sind **Vartalac** auf Vis sowie
ein Teilbereich des Strandes **Kašuni** auf der Halbinsel Marjan
in Split. Dennoch hat man als Hundebesitzer zahlreiche Möglichkeiten, sein Tier im Meer baden zu lassen, denn an den so-
genannten wilden Stränden ist Hundebaden toleriert. Abseits
der populären Strände wird sich in der Regel niemand stören.

Ein Wahrzeichen der Region: der Brela-Stein am Strand von Punta Rata bei Brela. Unterseeische Quellen aus dem Biokovo-Gebirge sprudeln hier ins Meer.

Malerische Kulissen

Manchmal ist es nicht nur der Strand, sondern auch die Kulisse, die zum Flair beiträgt. Beispiele dafür sind **Punta Rata** in Brela, der von »Forbes« als einer der schönsten Strände der Welt gewählt wurde. Wenige Kilometer südöstlich von Makarska ist **Nugal** bei FKK-Urlaubern beliebt. Der Strand in der **Stiniva-Bucht** auf Vis bietet ebenfalls eine hübsche Kulisse. Attraktive Buchten mit Bademöglichkeiten sind auch **Lojena** auf Levrnaka und **Prapratno** auf Pelješac. Der Strand **Pasjača** südlich von Dubrovnik zählt zu den schönsten Dalmatiens, dabei entstand er zufällig. Beim Graben eines Tunnels in den 1950er-Jahren wurde der Schutt hier abgeworfen – und wurde so zum Strand. Es wird ihn nicht ewig geben, da das Meer stetig die Steinchen wegspült.

Sandstrände

Dalmatiens Küste bietet meist **Kiesstrände.** Manche schätzen den Kiesstrand deshalb, weil sie den Sand als lästig empfinden, der sich überall an Körper und Textilien festsetzt. Andere wiederum lieben **Sandstrände,** denn einen Vorteil hat es zweifellos: der einfachere Zugang ins Meer, weshalb man dann keine Badeschuhe benötigt. In Dalmatien gibt es auch Sandstrände wie z. B. in Nin. Süddalmatiens Ufer werden dagegen häufig von gigantischen **Felsen** dominiert, was nicht selten schön anzusehen ist.

MUSEEN UND GALERIEN

Dalmatien bietet eine breit gefächerte Auswahl an Museen und Galerien für geradezu jede Zielgruppe. Lohnend sind die Besuche nicht nur bei schlechtem Wetter.

Archäologische Museen

Das **Museum des Niner Altertums** (→ S. 68) erzählt die Geschichte der Stadt bis ins Mittelalter nach. Von der griechischen Kolonialisierung und dem alltägliche Leben der Inselbewohner berichtet das **Archäologische Museum** in Vis (→ S. 145). Funde aus der Steinzeit bis ins Mittelalter umfasst die Sammlung des **Archäologischen Museums** in Zadar (→ S. 73). In Split steht das älteste Museum Kroatiens, gegründet 1820. Dieses **Archäologische Museum** gibt auch Aufschluss über das Alltagsleben des antiken Salona (→ S. 113). Ebenfalls in Split befindet sich das **Museum Kroatischer Archäologischer Denkmäler** zu den kulturellen Wurzeln Kroatiens (→ S. 113). In vielen Orten erzählen Museen die lokale Geschichte nach, wie im **Stadtmuseum** in Trogir (→ S. 101), Split (→ S. 109) oder Korčula (→ S. 174).

Museen in Kirchen und Klöstern

Im Benediktinerkloster wird **das Gold und Silber von Zadar** (→ S. 73) ausgestellt, Kirchenkunst seit dem Mittelalter. Im Benediktinerinnenkloster in Trogir findet man **Kairos Sammlung** (→ S. 103). Das Relief, das den Gott des richtigen Augenblicks darstellt, stammt aus dem 3./4. Jahrhundert v. Chr. Das **Museum im Dominikanerkloster** in Bol auf Brač zeigt eine Sammlung über die frühe Besiedlung der Insel, meeresarchäologische Exponate, Kirchenkunst und ein Gemälde von Tintoretto (→ S. 131). Auf Hvar kann man im **Museum im Franziskanerkloster** Zeugnisse der frühen Geschichte, von den Griechen bis zu den Venezianern, besichtigen (→ S. 136). Das **Ikonenmuseum** in der Allerheiligenkirche auf Korčula ist in dieser Region einzigartig (→ S. 174).

Die Galerie Meštrović (s. S. 114) in Split ist für Kunstliebhaber ein Muss. Vom ehemaligen Privathaus des Künstlers bieten sich auch schöne Blicke auf die Küste.

Jüngere Geschichte

Das **War Photo Limited** in Dubrovnik (→ S. 158) zeigt Fotos aus Krisengebieten, auch zum Krieg in Kroatien. Die **Galerie der Pager Spitze** (→ S. 88) widmet sich ganz diesem immateriellen Weltkulturerbe. Auch das Alka-Fest trägt diesen Titel, das **Museum Sinskje Alke** (→ S. 200) ist ihm gewidmet.

Maritime Museen

Im **Schifffahrtsmuseen** in Orebić (→ S. 154) erfährt man von der einst einflussreichen Schifffahrtsgesellschaft von Pelješac. Das **Fischermuseum** auf Hvar (→ S. 144) dokumentiert die Fischerei auf der Insel ab dem 18. Jahrhundert. Das **Muschelmuseum** in Makarska (→ S. 124) liegt im Franziskanerkloster.

Kunstgalerien

Eine Perle unter den Kunstgalerien ist die **Galerie Meštrović** in Split (→ S. 114) mit Werken des prominentesten Bildhauers Kroatiens. Auch die von Ivan Rendić werden einem in Dalmatien begegnen. Die **Galerie Ivan Rendić** auf Brač (→ S. 127) zeigt seine Skulpturen. Zeitgenössische Künstler hautnah: Der Pop-Art-Künstler Danijel Jaman betreibt die **Jaman Gallery** in Split (→ S. 119). In Dubrovnik ist ein Besuch des Ateliers **Stjepko Art** des Künstlers Stjepko Mamić lohnenswert (→ S. 166).

Eine Ausstellung von Vlaho Bukovac, hier Werke aus seiner Pariser Zeit (1877–1893), eröffnete das Europäische Kulturerbejahr 2018 in Kroatien.

VLAHO BUKOVAC
Kroatiens berühmtester Maler

Ursprünglich hieß Vlaho Bukovac (1855–1922) Biagio Faggioni. Erst in seinen Zwanzigern wird er den Namen Vlaho Bukovac annehmen. Seine Mutter ist eine Kroatin aus Dubrovnik, sein Vater italienischer Herkunft. Geboren wird Bukovac in **Cavtat,** südlich von Dubrovnik. Wahrscheinlich malt er bereits als Kind, doch die Familie lebt in ärmlichen Verhältnissen und es sind vier Kinder zu ernähren. Deshalb sind die Eltern damit einverstanden, dass der Onkel den elfjährigen Jungen in die USA mitnimmt. Nach vier Jahren stirbt sein Onkel. Bukovac zieht von New York nach Peru, wo er zwei Jahre lebt. Danach verbringt er zwei Jahre in San Francisco.

Während seiner Reisen geht er verschiedenen Jobs nach, um zu überleben. Gleichzeitig entwickelt er sich in seiner Kunst autodidaktisch weiter, doch seine Arbeiten bleiben noch amateurhaft. Hauptsächlich malt er Porträts. Im Alter von 21 Jahren kehrt er nach Dalmatien zurück. Er kommt in Kontakt mit dem Schriftsteller Medo Pucić, der einer einflussreichen Familie aus Dubrovnik entstammt. Dieser wiederum kennt Josip Juraj Strossmayer, den Bischof von Đakovo und bekannten Kulturförderer. Als Pucić dem Bischof das Bild »Turkinja u haremu« (Türkin im Harem) zeigt, ist dieser von Bukovacs Talent überzeugt. Mit Unterstützung von Strossmayer geht Bukovac nach Paris. Dort studiert er bei Alexandre Cabanel an der **École des Beaux-Arts.** In seinem Atelier malt er Porträts von Mitgliedern der hohen Gesellschaft. In Paris wird er, mit Unterbrechungen, 16 Jahre verbringen.

Im Jahr 1882 reist Bukovac nach Belgrad und wohnt im dortigen Schloss, um die serbische Königin Natalija zu malen. Auf ihren Wunsch hin malt er sie in ganzer Statur. Nachdem er sich wieder in seiner Heimat Dalmatien aufgehalten hat, reist er nach Đakovo (Ostkroatien) und fertigt ein Bild seines einstigen Förderers Bischof Strossmayer an. Mehrmals verbringt er längere Aufenthalte in England.

Im Jahr 1893 zieht er von Paris nach **Zagreb.** Wegen unterschiedlicher Haltungen zu Stil und Kunstverständnis gerät er mit anderen Künstlern in Konflikt. Nach fünf Jahren in Zagreb kehrt er in seinen Heimatort **Cavtat** zurück und bleibt auch dort fünf Jahre, ehe er mit seiner Familie nach Wien zieht. Bukovac erhält eine Professur an der **Akademie der Bildenden Künste in Prag.** Kurz vor seinem Tod malt er den serbischen König Aleksandar I. Vlaho Bukovac stirbt 1922 in Prag.

Zu seinen bekanntesten Werken zählen »Hrvatski narodni preporod« (Wiedergeburt des kroatischen Volkes – der Bühnenvorhang im Nationaltheater in Zagreb) und »Gundulićev san« (Gundulićs Traum). Ivan Gundulić stammt aus Dubrovnik und gehört zu Kroatiens bekanntesten Schriftstellern.

Manchmal verwendete Vlaho Bukovac das Pseudonym Paul Andrez. Er malte mit Vorliebe Porträts, doch auch Akte, historische Motive und Landschaften gehören zu seinem Werk. Sein Stil wandelte sich im Laufe der Zeit von der Akademischen Kunst über den Realismus bis zum Impressionismus bzw. Post-Impressionismus. Sein Werk umfasst etwa 550 Bilder, davon rund. 400 Porträts.

MUSIK UND VOLKS-FESTE

Ob moderne Schlager oder traditionelle Tänze: Musik und Volksfeste sind ein fester Bestandteil der (Alltags-)Kultur. Musik ist Gefühl – und die Traditionen der volkstümlichen Tänze werden in Dalmatien leidenschaftlich gepflegt.

Alles ist Gefühl

Lieder und Musik gehören zu Dalmatien einfach dazu. Selbst moderne Schlager haben häufig poetische Texte und schöne Kompositionen. Welch hohen Stellenwert die Musik in dieser Region hat, zeigte sich deutlich am 31. Juli 2018. An jenem Tag fand die Beerdigung des Sängers **Oliver Dragojević** statt. Die Trauerfeier glich einem Staatsbegräbnis. Dieser Künstler hat den Menschen über Jahrzehnte mit seinen Liedern und Chansons viel gegeben – in ganz Kroatien und auch in den Nachbarländern. Wer die Sprache versteht, muss kein Dalmatier sein, um bei dem Lied »Cesarica« (um nur ein Beispiel zu nennen) gerührt zu sein.

Musikpreis Porin

Seit 1993 wird Kroatiens wichtigster **Musikpreis** jährlich vergeben. Gegründet wurde er vom Verband kroatischer Komponisten, Hrvatska Radiotelevizija (HRT, die kroatische öffentliche Rundfunkanstalt) und dem kroatischen Musikverband. Die Künstler werden in 30 bis 40 Kategorien ausgezeichnet. Eine festgelegte Anzahl gibt es nicht, da sich die Jury jeweils an der Zahl der veröffentlichten bzw. preiswürdigen Werke orientiert. Auch hier zeigt die hohe Anzahl hinsichtlich der Kategorien und ausgezeichneten Werke, welch hohe Bedeutung der Musik in diesem Land zugesprochen wird. Es wird ebenso viel veröffentlicht, wie gehört. Zahlreich und regelmäßig werden auch Künstler aus Dalmatien geehrt.

Die Lijerica ist eine gestrichene Laute, die nur im Süden Dalmatiens in der Umgebung von Dubrovnik gespielt wird. Sie geht auf die byzantinische Leier zurück.

Der Klapa-Gesang

Diese Tradition entstand bereits im Mittelalter. In den Liedern geht es um Liebe, Sehnsucht und die Heimat (speziell um Dalmatien). In der Regel wird eine Klapa-Gruppe nicht von Musikinstrumenten begleitet. Meist beginnt eine der Stimmen zu singen, erst später stimmt die restliche Gruppe mit ein. Der **Klapa-Gesang** wurde ausschließlich von Männern gepflegt, doch seit einigen Jahren gibt es immer mehr weibliche Gruppen. Der Besuch einer solchen Gesangsveranstaltung ist lohnend, auch wenn man des Kroatischen nicht mächtig ist. Die Stimmung passt ideal zu diesem maritimen Lebensraum der Küsten, Buchten und Inseln.

Maksim Mrvica

Dieser **Pianist** gilt als Virtuose. Maksim Mrvica wurde 1975 in Šibenik geboren. Sein Talent wurde schon früh erkannt. Als Teenager besuchte er die Musikschule in Šibenik, studierte mit 18 Jahren an der Musikakademie in Zagreb, später in Budapest und Paris. Mrvica ist ein Klassik-Crossover-Pianist, der auch durch seine bemerkenswerte »Schnelligkeit« hervorsticht.

Der Moreška-Tanz war früher im ganzen Mittelmeerraum verbreitet, er soll auf den Kampf zwischen Mauren und Christen während der Kreuzzüge zurückgehen.

Besonders deutlich wird das z. B. bei »Kolibre«. Bekannt wurde er hauptsächlich durch »Croatian Rhapsody«. Komponiert hat das Stück der aus Split stammende Songwriter und Musikproduzent Tonči Huljić. Eine besonders große Fangemeinde hat Maksim Mrvica übrigens in China.

Zu Ehren der Schutzpatrone

Im katholischen Kroatien hat sich praktisch jede Ortschaft einen Schutzpatron oder eine Schutzpatronin ausgewählt. Ihm oder ihr zu Ehren wird jedes Jahr ein Fest mit Messfeier, Prozession, Segnungen und begleitenden irdischen Vergnügungen veranstaltet. Selbst in kleinen Dörfern werden die **Patronatsfeste** veranstaltet. Sie beginnen mit den üblichen religiösen Zeremonien, klingen dann aber zwanglos und gesellig aus. Traditionelle Gesänge gehören ebenso dazu wie Musik, die sowohl traditioneller als auch moderner Art sein kann. Auch ein üppiges Mittagessen im Kreis der Familie oder mit Freunden darf nicht fehlen. Dann erlebt der Gast die Dalmatier besonders gesellig und kontaktfreudig, vor allem in der Vor- oder Nachsaison, wenn die touristischen Geschäfte noch nicht oder nicht mehr auf Hochtouren laufen.

Festivals

Wer sich in Dalmatien auf einem Musikfestivals vergnügen möchte, muss nicht lange suchen, denn Festivals gibt es ständig und überall. Häufig finden sich Ankündigungen in den Städten oder auf den Promenaden. Auch im Internet wird man bei Eingabe von Festival und Ort schnell fündig. Häufig finden Festivals in historischen Gebäuden statt und bieten dadurch eine romantische Kulisse.

Der Schwerttanz auf Korčula

Eines der attraktivsten Feste mit historischem Hintergrund findet alljährlich auf Korčula statt. Aufgeführt wird der **Moreška-Tanz** in prachtvollen Kostümen aus dem 15. Jahrhundert. Er soll an eine Begebenheit aus dem Mittelalter erinnern: Die Truppen zweier Könige kämpfen gegeneinander. Der Sieger bekommt das Recht, die entführte Frau Bula zur Frau zu nehmen. Die aus der Geschichte entlehnten Ereignisse werden so nachgespielt, dass am Ende ein König über den anderen siegt. Angeblich symbolisieren diese Darbietungen nicht zuletzt das Freiheitsstreben der Korčulaner. Junge und alte Bürger wirken mit, um dieses spektakulärste Fest der Stadt Korčula zum Erfolg zu führen (→ S. 50).

Sinjska alka

In **Sinj** wird Anfang August alljährlich der Sieg über die Türken im Jahr 1715 gefeiert. Bei diesem Ringreiten in historischen Kostümen kommen – wie auch zu Mariä Himmelfahrt am 15. August – sehr viele Besucher nach Sinj. Die ganze Stadt ist auf den Beinen, Gedränge und Geselligkeit allerorten. Die **Sinjska alka** gehört zum immateriellen UNESCO-Weltkulturerbe. Beim viel bestaunten Höhepunkt treten Reiter in mittelalterlichen Kostümen an, um beim Ringstechen den Sieger zu ermitteln. Die Prozedur dauert; jeder Erfolg eines Reiters wird von der Menge mit Applaus und Anfeuerungen begleitet. Zwei Tage lang erlebt Sinj einen quirligen Menschenauflauf. Viele Unterkünfte und Restaurants sind ausgebucht. Rundfunk und Fernsehen übertragen das Ereignis (→ S. 51).

FESTKALENDER

April
Patronatsfest auf Korčula
Der Schutzpatronin von Blato, Sveta Vicenca (Heilige Vicenza), ist dieses opulente Fest mit Ritterspiel gewidmet.
28. April | www.visitkorcula.eu

Mai
Fest des Stadtpatrons Sveti Duje in Split
Die Prozession mit Folkloregruppen führt von der Kathedrale zur Riva. Es gibt ein breites Unterhaltungsprogramm.
7. Mai | www.visitsplit.com

Juni
Internationales Kinderfestival in Šibenik
In Kooperation mit UNICEF gibt es schon seit rund 50 Jahren Kultur und Unterhaltung: Wettbewerbe, Film und Puppentheater, Spiele, Feuerwerk.
Mitte/Ende Juni bis Anfang Juli | www.mdf-sibenik.com

Juli
Makarska-Kultursommer
Fischerabende und ein Sommerkarneval, Konzerte und Theaterdarbietungen und viele Ausstellungen zeigen einen kulturellen Querschnitt aus Makarska und Umgebung.
Anfang Juli–Ende August | www.makarskainfo.com

Ninska Šokolijada
Bei diesem Wettbewerb wird der beste *šokol* (Schinken) gewählt, der nach alter Tradition mit Meersalz aus Nin gepökelt und anschließend an der Bura luftgetrocknet wird.
Ende Juli | www.nin.hr

Kirchenkonzerte in Zadar
Symphoniekonzerte, Kammermusik, Orgel- und mittelalterliche Kirchenmusik in der Kirche des Heiligen Donatus mit hervorragender Akustik.
9. Juli–8. August | www.donat-festival.com

Moreška-Schwerttanz auf Korčula
Das berühmteste Fest der Stadt Korčula. Schon seit mehreren Hundert Jahren treten zwei Gruppen von Schwerttänzern in Kostümen im Kampf um die Hand einer Prinzessin gegeneinander an.
29. Juli, auch zu anderen Terminen in der Saison | www.visitkorcula.eu

Dubrovnik-Sommerfestival
Klassische Konzerte, Theateraufführungen, Ballett, Opern und Ausstellungen finden an unterschiedlichen Orten, meist in der Altstadt, statt. Karten sollte man unbedingt rechtzeitig vorbestellen.
Anfang/Mitte Juli–Ende August | www.dubrovnik-festival.hr

August
Sinjska alka
Das mit Abstand spektakulärste Fest, das im dalmatinischen Hinterland stattfindet.
Erster Sonntag im August | www. visitsinj.com

Saljske užance auf Dugi otok
Drei Tage lang dauert das traditionelle Fest der Sali-Bräuche. Am dritten Tag findet das spektakuläre Eselrennen statt.
Erstes Wochenende im August | www.dugiotok.hr

Supetar-Sommerfestival
Konzerte, Festivals, Ausstellungen, Open-Air-Kino und Theateraufführungen auf Brač.
Ende Juni–Mitte September | www.supetar.hr

Sommerfestival auf Vis
Viele Konzerte der unterschiedlichsten Musikrichtungen. In den Straßen werden lokale Spezialitäten verkauft.
Anfang Juli–Anfang September | www.tz-vis.hr

Salzfestival in Nin
Wer möchte, kann bei einer Salzsammlung mitmachen und an einer kostenlosen Führung in der Saline teilnehmen.
Anfang August | www.solananin.hr

September
Bier und Feigen in Zadar
Beim Craft Beer Festival an Zadars Uferpromenade stellen regionale Bierbrauer ihre Produkte vor. Rund um die Mittelmeerfrucht geht es beim Feigenfestival, das vor allem am Fünf-Brunnen-Platz (Trg pet bunara) und im Museum für antikes Glas stattfindet.
Bierfestival: Anfang September; Feigenfestival: Anfang/Mitte September | www.zadar.travel

Mittelaltermesse in Šibenik
Die Zeit des Mittelalters wird in dieser Stadt drei Tage lang wieder lebendig. Kulinarische Angebote, Ritter- und Seekämpfe, Artisten, Schauspieler, Sänger und Tänzer sorgen für Unterhaltung.
Anfang September | www.sibenik-tourism.hr

SPEZIALITÄTEN UND HANDWERK

Öl, Wein und Käse – für diese Lebensmittel ist Dalmatien berühmt. Aus dem weißen Bračer Kalkstein entstehen hübsche Souvenirs, und die Pager Spitze ist eine Kunst für sich.

Wein aus Dalmatien

Wer sich ein umfassenderes Bild machen und den Wein verkosten möchte, sollte ein Weingut besuchen. Besonders auf der Halbinsel **Pelješac**, auf **Korčula** oder **Hvar** kann man die Gelegenheit nutzen, dalmatinischen Wein der Spitzenklasse beim Hersteller zu kosten und zu kaufen. Aber auch in den Geschäften findet man dalmatinischen Wein von guter Qualität (→ S. 58).

Olivenöl

Olivenbäume werden auf allen bewohnten kroatischen Inseln und entlang der Küste kultiviert. Oft kann man in Pensionen oder Restaurants **Olivenöl** aus eigener Herstellung erwerben. Stößt man unterwegs auf den Hinweis *Maslinovo ulje* (Olivenöl), stammt es aus privater Verarbeitung oder von Kleinbetrieben. Auch auf den Märkten findet sich heimisches Olivenöl.

Pager Käse

Der **Paški sir,** Käse der Insel Pag, ist der Star unter den Käsesorten. Hat man Pag auf seiner Reise nicht eingeplant: Man kann ihn auch in Feinkostgeschäften kaufen. Der eingeschweißte Pager Käse aus dem Supermarkt ist immer noch klasse, aber frisch abgeschnitten schmeckt er doch am besten.

Pager Spitze

Das Anfertigen der **Nähspitze** folgt auf Pag einer jahrhundertealten Tradition und ist immaterielles UNESCO-Weltkulturerbe. Schon seit dem Mittelalter gaben Frauen ihr Können und ihre

30 000 Schafe produzieren auf Pag die Milch für den Paški sir. Sie fressen Wildkräuter, die auf der karstigen Insel wachsen und bei Sturm mit Salzwasser besprüht werden.

Muster an die nächste Generation weiter. Im 16. Jahrhundert begannen Benediktinerinnen in Pag, Mädchen in der Handwerkskunst auszubilden, 1896 wurde daraus eine staatliche Schule. Pager Spitze ist hauchdünn, mit größter Präzision gefertigt, Vorhänge, Trachten-, Wand- und Tischdekoration sowie Kissenbezüge entstehen daraus. Auf der Weltausstellung in Paris bekam sie 1937 eine goldene Auszeichnung. Kaiserin Maria Theresia beschäftigte am Hof eine Spitzennäherin aus Pag. Zu kaufen gibt es sie auf Pag, aber auch in ausgewählten Souvenirshops.

Bračer Stein
Der marmorähnliche **Kalkstein** von der Insel Brač ist weltberühmt und wurde für historische Gebäude im In- und Ausland verwendet, z. B. für das Weiße Haus in Washington. Wer auf der Insel Urlaub macht, sollte nach Donji Humac oder Pučišća fahren. Ansonsten kann man die vom Bračer Stein gefertigten Produkte auch in einigen Souvenirshops kaufen.

Šibenski botun
Früher zierte er die Herrenkleidung, heute ist er ein wesentlicher Bestandteil der Tracht. Der **Šibenski botun** (Šibeniker Knopf) wird gern auch als Schmuck getragen. Man findet ihn bei Juwelieren oder in Šibeniks Souvenirshops.

Gewand der Diakone und Bischöfe

Das liturgische Gewand wurde Lateinisch *vestis dalmatica* genannt (dalmatinisches Gewand bzw. Gewand aus Dalmatien). Die Dalmatik ist die Amtskleidung der **Diakone.** Priester und Bischöfe tragen bei Messfeiern die gleichen Gewänder, doch ist es seit der Antike üblich, dass **Bischöfe** bei feierlichen Anlässen die Dalmatik unter dem Messgewand tragen. Die Dalmatik ist ebenfalls Teil des Messgewandes von **Papst Franziskus.** Der Frankenkönig **Karl der Große** (747–814) trug eine Dalmatik, als er von Papst Leo III. zum Kaiser gekrönt wurde. Verwahrt wird sie in der Basilika Sankt Peter im Vatikan. Die **dalmatinische Tracht** hat ihren Ursprung in der Dalmatik, was bis heute an den Blusen der Frauen sichtbar ist. Zunächst war die Dalmatik weiß, stach dann aber bald durch rote Zierstreifen hervor. Dies wurde in der Tracht bis heute beibehalten.

Im 2. und 3. Jahrhundert kam sie von Dalmatien nach **Rom**, wo sie von Männern und Frauen der höheren Gesellschaft im Alltag getragen wurde. Ab dem 3. und 4. Jahrhundert gehörte das weitärmelige, kreuzförmige Gewand zur Amtskleidung der Diakone in Europa. Seit die Dalmatik nach Rom gelangt war, hat sich ihr Aussehen im Lauf der Jahrhunderte merklich verändert. Sie wurde immer kürzer, bis sie im 17. Jahrhundert nur noch knielang war. Heute wird sie wieder in längerer Ausführung getragen. Das Gewand wurde schon in der Antike aus **edlen Stoffen** gefertigt: Seide, Damast, Leinen, dalmatinische und angeblich ägyptische Wolle. Seit ihren Anfängen veränderte sich die Dalmatik auch in Farbe und Ausführung. Aufwendige Stickereien mit christlichen Symbolen zierten das Gewand, und die liturgischen Farben Rot, Rosa, Blau, Violett, Grün, Schwarz und Gold gewannen immer mehr an Bedeutung.

Von Dalmatien aus verbreitete sich die Dalmatik als liturgisches Gewand in alle Welt. Hier ein Werk des österreichischen Benediktinerstifts Admont von 1657.

KULINARIK

Kleine Gaststätten mit regionaltypischen Speisen und Getränken in gemütlicher Atmosphäre nennen sich an der kroatischen Küste meist Konobas, was (Wein-)Keller bedeutet. Hier kann man hervorragend essen und trinken.

Alles dreht sich um Fisch

Während im gebirgigen Hinterland Dalmatiens deftige Gerichte mit Lamm-, Schweine- oder Rindfleisch geschätzt werden, bestimmt Fisch den kulinarischen Horizont an der Küste und auf den Inseln. Zahnbrasse, Goldbrasse, Seebarsch, Seehecht, Zackenbarsch, Drachenkopf, Seezunge und Meeräsche werden normalerweise gegrillt serviert. In einer Konoba kommen manchmal gegrillte Sardinen oder Sardellen auf den Tisch, was ausgesprochen köstlich ist. Empfehlenswert ist auch *brudet,* eine Art Fischeintopf mit Zwiebeln, Knoblauch, Tomaten, Weißwein, Olivenöl und verschiedenen Kräutern. Dazu wird meistens *palenta* (Maisgrieß) gereicht. Beliebt sind auch der weiße Muschelrisotto sowie der schwarze Tintenfischrisotto.

Dalmatinische Delikatessen

Hummer, Langusten, Austern und Scampi gelten als luxuriöse Köstlichkeiten und haben ihren Preis. Letztere werden als *škampi buzara* in einem Sud geschmort. Diese Gerichte werden häufig zu festlichen Anlässen serviert. Nicht weniger schmackhaft und von Kennern geschätzt ist *škarpina* (Drachenkopf).

Das Gemüse darf nicht fehlen, als Beilage

Mangold, Weißkohl und Kartoffeln sind beliebte Beilagen. Auch Zucchini, Tomaten und Gurken kommen häufig zum Einsatz. Besonders saftig und schmackhaft geraten mit Kartoffeln und Gemüse akzentuierte Fleischgerichte, die zwei bis drei Stunden unter einer mit Holzkohlenglut und -asche überdeckten Metallglocke gegart worden sind, der *peka.*

Frischer und vielseitiger als an der dalmatinischen Küste kann man Fisch kaum bekommen. Er wird häufig in Suppen und Eintöpfen verarbeitet oder kommt vom Grill.

Verschiedene Spezialitäten

Zeitlos geliebt wird *pršut*, ein luftgetrockneter Schinken. Der Rinderschmorbraten *pašticada* ist aufwendig, wird am Vortag in Marinade eingelegt und am nächsten Tag mehrere Stunden geschmort. Wie überall waren auch in Dalmatien die heutigen Spezialitäten früher eher ein Armeleuteessen. Als Beispiel dient *vitalac* von der Insel Brač. Die Innereien eines Lamms werden auf einen Spieß gesteckt, danach mit Lammdärmen umwickelt und über der Holzkohlenglut gegart.

Süßspeisen

Die Nachspeisen bestehen oft aus klein geschnittenen Kuchenstücken, den *kolači*, oder der *rožata*, die der Crème Caramel ähnlich ist. Zum Kaffee werden – neben *kolači* – auch Backwaren gereicht wie *hrstule* (die im restlichen Kroatien *kroštule* heißen) oder *fritule*, eine Art kleiner Krapfen.

Verdauungsfreundliche Spirituosen

Vor oder nach dem Essen trinkt man gern ein Gläschen Schnaps, den *rakija*. Das kann der Traubenschnaps *lozovača* sein, der Pflaumenschnaps *šljivovica* oder der Kräuterschnaps *travarica*, dessen Inhaltsstoffe oft aus Minze, Wermut, Salbei, Anis, Wacholder und Thymian bestehen.

Aufstrebende Winzer punkten mit ihren interessanten Innovationen

Den Aufbruch zu neuen Weinqualitäten repräsentiert u. a. der Winzer **Frano Miloš** aus Ponikve, auf der Halbinsel **Pelješac** (www.milos.hr). Manche hielten ihn für einen weltfremden Idealisten, als er auf 20 Hektar neue Rebflächen an den steinigen Hängen oberhalb seines Heimatdorfs anlegen ließ. Zudem investierte er viel Geld in die Anschaffung neuer Barriquefässer. Der Winzer machte sich daran, Trauben von 40 Jahre alten Rebstöcken zu verarbeiten, die von anderen Winzern wegen ihrer geringen Produktivität herausgerissen wurden. Bei der Vergärung setzte Frano Miloš von Anfang an auf die Verwendung von Naturhefen aus eigenen Traubenkulturen. Das ist komplizierter und riskanter als der Einsatz von laborgezüchteten Hefen, verleiht den Weinen aber komplexe und eigentümliche Aromen. Merlot, Cabernet Sauvignon, Cabernet franc, Pinot noir? Frano Miloš hatte sich festgelegt: Diese Rebsorten mag man in anderen Gegenden kultivieren, hier gedeiht am besten **Plavac mali.** Die Rebsorte muss extreme Hitze vertragen und mit wenig Regen auskommen können. Außerdem reagiert sie sensibel auf unterschiedliche Boden- und Klimaverhältnisse. Im Weinberg gebärdet sich Plavac mali wild und widerspenstig, muss außerdem individuell geschnitten und behandelt werden. Für den großflächigen Einsatz ist diese Rebsorte ungeeignet. Im Ergebnis bringt sie Rotweine hervor, die komplex, tiefgründig und facettenreich sind. Inzwischen sind seine Rotweine mehrfach ausgezeichnet worden und haben bei Weinkennern höchste Anerkennung gefunden.

In **Trstenik** hat **Mike Grgich** seine Kellerei erbauen lassen (www.grgic-vina.com). Der Winzer wanderte 1958 nach Kalifornien aus und war dort mit eigenen Weinen erfolgreich. Nach der kroatischen Unabhängigkeit kehrte er in seine Heimat zurück und machte sich an die Arbeit. Sein Credo ist: Man muss den ungestümen, eigenwilligen Charakter des **Plavac**

Bei Lumbarda auf Korčula wird der seltene, im Abgang leicht bittere Weißwein Grk angebaut. Die Rebe ist an das heiße Klima und die sandigen Böden gut angepasst.

mali ein wenig bändigen und abrunden, damit er mehr Eleganz erlangt. Grgich mischt die Trauben verschiedener Lagen und erreicht durch eine kontrollierte, langsame Vergärung, dass der Fruchtcharakter dieser Sorte erhalten bleibt. Beim Ausbau der Weine in Eichenfässern werden zudem die ausgeprägten Gerbsäuren des Plavac mali gerundet und gefälliger gemacht. Trotzdem bleiben die typischen Aromen von gedörrten Früchten und mediterranen Kräutern erhalten. Mehr als die Hälfte seiner Weine verkauft Grgich inzwischen in die USA. Auch sein aus der Rebsorte **Pošip** gekelterter Weißwein findet dort großen Anklang.

Sowohl Miloš als auch Grgich haben die anderen Rotweinwinzer auf der Halbinsel Pelješac mit Ideen und Kontroversen angesteckt. Die ehemals schweren Rotweine, deren Trauben an den südlichen, sonnenreichen Steilhängen der Halbinsel gedeihen, sind vielerorts schlanker und dynamischer geworden. Jeder Winzer verfolgt sein eigenes Konzept und setzt andere Akzente. In ganz Kroatien verfügen die **Rotweine aus Pelješac** über einen hervorragenden Ruf. Deshalb zählen sie zu den

In der Genossenschaft Vinarija Dingač haben sich seit 1902 Winzer der Südküste der Halbinsel Pelješac zusammengetan. Hier wird der Plavac mali gekeltert.

teuersten Rotweinen des Landes. Schon zu Zeiten der Donaumonarchie wurden sie als sogenannte Kaiserweine an den Hof nach Wien gebracht.

Mit herausragender Qualität und einem abwechslungsreichen Sortiment hat sich auch der Weinmacher von **Matuško vina** aus **Potomje** in die Schlagzeilen gebracht (www.matuskovina.hr). Neben diversen **Plavac-mali-Rotweinen** werden hier auch reinsortige Weißweine aus den Rebsorten **Pošip** und **Rukatac** hergestellt. Die stilvolle unterirdische Kellerei des Weinguts wird häufig von Touristen besucht.

Auf **Korčula** dominieren die weißen Reben, vor allem die Sorten **Rukatac** und **Pošip**. Die nach Süden ausgerichteten Lagen schaffen Klima- und Bodenverhältnisse, die das aromatische Potenzial optimal zur Entwicklung bringen. Beide Weißweine verbinden eine herbe Frische mit sanften mineralischen Nuancen und dezent-angenehmen Aromen von wilden Aprikosen oder Pfirsichen. Apropos aromatische Finessen: Die Brüder **Šain-Marelić** aus **Čara** haben Vorbildliches geleistet, um die aromatischen Finessen der **Pošip-Rebe** optimal hervorzubringen (Čara 158, Tel. 0 20/83 31 16). Sie schneiden die Rebstöcke extrem zurück, ernten nur vollkommen ausgereifte

Trauben und achten mit Akkuratesse darauf, dass das aromatische Potenzial der Weißweine komplex bleibt und genügend Säure aufweist.

Auch der **Grk** gilt als äußerst individuelle Weißweinrarität. Die autochthone Sorte wird nur noch von wenigen Winzern angebaut, in **Lumbarda** auf Korčula. Der Grk wächst auf Sandböden und zeigt ein zartbitteres, mineralisches Aroma. Seit rund 2300 Jahren werden bei Lumbarda Weintrauben angebaut. Die Rebe stammt vermutlich aus dem antiken Griechenland und wurde während der Kolonialisierung hierhergebracht. Im Kroatischen bedeutet *grk* sowohl »bitter« als auch »Grieche«, doch ist der Name höchstwahrscheinlich auf die Bitternote zurückzuführen. Leider wird Grk nur in begrenztem Umfang auf kleinen Rebflächen produziert.

Sehr erfreulich haben sich die Weinqualitäten an den steilen Westhängen der Insel **Hvar** entwickelt. Sie zählen zu den renommiertesten Lagen für den Anbau von Weintrauben. Die exponierte Lage über dem Meer, fast 3000 Sonnenstunden im Jahr sowie eine dem Reifeprozess förderliche Zirkulation der Winde machen die Erzeugung von tiefgründigen, körperreichen Rotweinen möglich. Angebaut wird auch hier hauptsächlich **Plavac mali.** Ein berühmter und erfolgreicher Winzer auf Hvar ist Zlatan Plenković, der seine Reben im Weiler Sveta Nedjelja vinifiziert (www.zlatanotok.hr). Mit seinem engagierten Team kultiviert er die Reben auf Höhen von 30 bis 400 Metern über dem Meer. Die Weine erfüllen die Kriterien des ökologischen Anbaus. Spitzenprodukt ist der Rotwein »Zlatan Stijena«, der in seinen Varianten auch als »Zlatan Plavac«, »Zlatan Plavac Barrique« oder »Zlatan Plavac Gran Cru« bezeichnet wird. Auch die weißen Bioweine aus dem Hause Plenković zeigen Originalität und ein komplexes Aroma. Alle Weine können direkt beim Winzer erworben werden.

Empfehlenswerte Weine sind außerdem **Debit** (ein leichter Weißwein), **Babić** (ein gefälliger Rotwein), weißer oder roter **Kaštelet,** der aus der Rebsorte **Vranac** bzw. **Plavac** gekeltert wird. Nicht zu vergessen ist der Weißwein **Vugava** – eine alte und kostbare Rebsorte, die überwiegend auf **Vis** kultiviert wird.

KULINARISCHES LEXIKON

arbun: Rotbrasse

bakalar: Stockfisch (Kabeljau)
bijeli luk: Knoblauch (auch *češnjak*)
blitva: Mangold
boca: Flasche
Brački sir: Schafskäse aus Brač
brancin: Wolfsbarsch
breskva: Pfirsich
brudet: Fischeintopf

čaj: Tee
čaša: Glas
cipal: Meeräsche

dagnje: Miesmuscheln
Debit: regionaler Weißwein
dinja: (kl. Melonensorten wie Honig- oder Netzmelone)
Dingač: lokaler Rotwein
divljač: Wild
doručak: Frühstück

fažol: Bohnen(eintopf)

govedina: Rindfleisch
gregada: Fischsuppe
grožđe: Trauben

hladno: kalt
Hrvatica: lokaler Rosé

jabuka: Apfel
jagoda: Erdbeere
jaja: Eier
janjetina: Lammfleisch
jesti: essen
juha: Suppe

kava: Kaffee
kiselo: sauer
kolač: Kuchen
konobar: Kellner
kozji sir: Ziegenkäse
kruh: Brot
krumpir: Kartoffel
kruška: Birne
kupus: Weißkohl/Sauerkraut

lignja: Tintenfisch
limun: Zitrone
limunada: Limonade
losos: Lachs
lozovača: Traubenschnaps
lubenica: Wassermelone
luk: Zwiebel (dalm. *kapula*)

mahune: grüne Bohnen (dalm. *fažoleti*)
Malvazija: lokaler Weißwein
marenda: Brotzeit/Zwischen-mahlzeit
maslac: Butter
masline: Oliven

med: Honig
meso: Fleisch
mineralna voda: Mineralwasser
mlijeko: Milch (dalm. *mliko*)

na lešo: gekocht
naranča: Orange
na žaru: gegrillt

odojak: Spanferkel
odrezak: Schnitzel
omlet sa sirom: Omelett mit Käse
orada: Dorade
orahovac: Walnusslikör
oslić: Seehecht
ovčji sir: Schafskäse

palenta: Maisbrei
papar: Pfeffer
pašticada: Rinderbraten
pečeni krumpir: gebackene/ gebratene Kartoffeln
Pelinkovac: Kräuterlikör
perad: Geflügel
pikantno: pikant
pile: Hühnchen
piti: trinken
pivo: Bier
plodovi mora: Meeresfrüchte
pošip: kroatischer Weißwein
povrće: Gemüse
Prošek: Dessertwein
pršut: luftgetrockneter Schinken
pura: Pute (aber auch Maisbrei)

račići: Garnelen
rajčica: Tomate
rak: Krebs
riba: Fisch
riža: Reis
rožata: dalm. Crème Caramel
ručak: Mittagessen

sardine u ulju: Ölsardinen
sarma: Krautwickel
šećer: Zucker (dalm. *cukar*)
sir: Käse
škarpina: Drachenkopf
školjke: Muscheln
skuša: Makrele
sladoled: Eis
slano: salzig
slatko: süß
šljivovica: Pflaumenschnaps
smokve: Feigen
sok: Saft
sol: Salz
suho: trocken
šunka: Schinken
svinjetina: Schweinefleisch

teletina: Kalbfleisch
travarica: Kräuterschnaps

večera: Abendessen
vinjak: Weinbrand
vino: Wein
voće: Obst
voda: Wasser
vruće: heiß

živjeli: Zum Wohl!

Der Glockenturm der Kathedrale des Heiligen Domnius in Split, vom Diokletian-Palast (s. S. 105) aus gesehen.

HINEIN IN
DIE REGION

NORDDALMATIEN

Der Facettenreichtum Norddalmatiens zieht Badegäste, Wanderer und Kulturinteressierte an. Es ist die Teilregion der Sandstrände und vielen Inseln, der karstigen Berge und grünen Natur. Wer die antiken Städte besucht, wird merken: Sie haben alle ihre ganz eigene Geschichte.

Das Besondere an dieser Teilregion ist die mannigfaltige Landschaft. Norddalmatien kann jeder für sich entdecken, nach seinen eigenen Vorlieben und Interessen. Naturliebhaber und Kulturinteressierte gleichermaßen. Ideal ist es, Natur und Kultur während eines Besuchs miteinander zu verbinden, denn dafür ist Norddalmatien bestens geeignet.

Die Städte Zadar, Nin und Šibenik haben ihren ganz individuellen Charme. Keinesfalls versäumen sollte man einen Besuch der Stadt **Nin,** deren historische Altstadt heute auf einer Insel liegt, inmitten einer Sandlagune. Vor 700 Jahren war sie noch eine Halbinsel. In Nin wurden einst kroatische Könige gekrönt, und hier steht die kleinste Kathedrale der Welt. Wer Sandstrände mag, wird in Nin und Umgebung nicht lange suchen müssen. Auch **Zadar** gehört bei einem Besuch in dieser Teilregion unbedingt dazu. Der historische Kern mit seiner 3000 Jahre alten Geschichte liegt auf einer Halbinsel. Im 7. Jh. wurde Zadar Hauptstadt der byzantinischen Provinz Dalmatien. Hier trifft Antike auf Moderne, etwa das Römische Forum auf die Meeresorgel. **Šibenik** vereint perfekt die Mischung aus Kultur und adriatischem Flair. Im Gegensatz zu anderen größeren Städten entlang der dalmatinischen Küste hat Šibenik keine griechische, römische oder byzantinische Vorgeschichte. Die Stadt wurde von Kroaten errichtet und 1066 erstmals erwähnt. Die Kathedrale des Heiligen Jakob in Šibenik ist ein Meisterwerk der Architektur und zählt zum Weltkulturerbe.

Die Insel **Pag** ist bekannt für ihre karstige Landschaft, doch wenn man weiter vordringt, entdeckt man die andere Seite dieser Insel. Unzählige Olivenbäume gibt es auf Pag, allein auf der Halbinsel Lun sind es 80 000. Auf dem Eiland grasen auch Tausende von Schafen, ihnen ist der delikate Pager Käse zu verdanken. Berühmt ist die Insel aber auch durch eine besondere Handwerkskunst geworden, die Pager Spitze. Sehenswert ist der alte Kern der Stadt Pag mit seinen akkurat verlaufenden Gassen. Der Südteil der Insel **Dugi otok** hat ebenfalls seinen eigenen Zauber. Der **Naturpark Telašćica** beeindruckt mit riesigen Klippen, und der **Kornati-Archipel** bietet mit seinen 89 Inseln und Riffen ein spektakuläres Ausflugserlebnis. Von Weitem sehen sie kahl und schroff aus, doch bei näherer Betrachtung offenbart sich erst deren Schönheit. Sowohl der Naturpark Telašćica als auch der Nationalpark Kornati weisen einen bemerkenswerten Reichtum an Flora und Fauna auf, der auch seltene Arten beinhaltet.

Das Festland

NIN C1

2800 Einwohner

Kaum vorstellbar, dass dieses idyllische Städtchen mal ein politisches und kulturelles Zentrum war. Nin ist Tausende von Jahren alt, schon die Illyrer siedelten hier, später die Römer. Im Mittelalter wurden hier die kroatischen Könige gekrönt. Nin war erster Bischofssitz des Landes, und **Grgur Ninski** (Gregor von Nin) war hier Bischof. Seine Statue vor dem Diokletian-Palast in Split kennt jeder Tourist, aber die wenigsten wissen, wer er war. Eine Statue von ihm steht natürlich auch in Nin. Er soll im 10. Jh. dafür gekämpft haben, dass Gottesdienste in kroatischer Sprache stattfinden und Kirchenbücher in der Glagoljica, der altslawischen Schrift, verfasst werden. In Nin steht auch die **kleinste Kathedrale der Welt** und die Ruine des größten römischen Tempels an der östlichen Adria. Die Altstadt liegt auf einer Insel, die durch zwei Brücken mit dem Festland verbunden ist.

Sehenswertes

SALZWERK MIT MUSEUM (SOLANA NIN)

Das Weiße Gold: Wer sich für die natürliche Gewinnung von Meersalz interessiert, hat hier Gelegenheit, das Salzwerk mit angeschlossenem Museum zu besuchen. Bei einer Führung erfahren Besucher, wie das Salz natürlich gewonnen wird, welche Qualitätsunterschiede es gibt und warum das Salz aus Nin über außergewöhnliche Eigenschaften verfügt. Ein Exkurs erzählt die Geschichte der Salzgewinnung seit der Antike. Meersalz sowie originelle Souvenirs können vor Ort gekauft werden.

Ilirska cesta 7 | Tel. 0 23/26 47 64 | www.solananin.hr | Mo–Fr 7–15 Uhr | Eintritt 65 Kn, Familienkarte 170 Kn

⚑1 MERIAN EMPFEHLUNG

HEILIG-KREUZ-KIRCHE (CRKVA SVETOG KRIŽA)

Die kleinste Kathedrale der Welt: Anfang des 9. Jh. wurde das winzige Gotteshaus errichtet. Seither steht sie unbeschadet an ihrem Platz. Ihr Aussehen hat nichts Spektakuläres, doch ist die Bauweise dieser Kirche wegen etwas anderem interessant: Sie ist eine Art Kalender und Sonnenuhr. Wegen ihrer Größe, der Lage und Winkel von Wänden und Fenster lassen sich aufgrund des Lichteinfalls Uhrzeit und Datum bestimmen. In der Nähe der Kirche wurden altkroatische Gräber gefunden. Die ältesten stammen aus dem 8. Jh.

Ulica Petra Zoranića 8 | tgl. ganztags geöffnet | Eintritt frei

MUSEUM DES NINER ALTERTUMS (MUZEJ NINSKIH STARINA)

Die lange Geschichte einer kleinen Stadt: In sieben Ausstellungsräumen legen die Exponate – darunter zwei altkroatische Schiffe aus dem 11. Jh. – die beeindruckende Historie Nins dar, von der Vorgeschichte über die Antike bis zum Mittelalter.

Trg Kraljevac 8 | Tel. 0 23/26 41 60 | Juni, Sept. tgl. 9–21, Juli, Aug. tgl. 9–22, Okt.–Mai Mo–Sa 9–14 Uhr | Eintritt 20 Kn, ermäßigt 12 Kn, Kinder bis 10 Jahre frei

Seit Jahrhunderten wird in Nin Salz gewonnen. Die Römer bezahlten damit ihre Soldaten – Ursprung des Englischen »salaray« vom Lateinischen »salarium« für Salz.

Strände

Eine große Auswahl an Sandstränden
RUND UM NIN

In Nin und der näheren Umgebung findet man mehrere schöne Sandstrände. Nordwestlich der Altstadt kann es vor allem an Wochenenden an der **Kraljičina plaža** hoch hergehen. Dieser Strand mit schönem Blick aufs Velebit-Gebirge wird gern von Einheimischen besucht, von manchen auch wegen des dort vorkommenden Heilschlamms.

Die Strände **Sabunika** und **Privlaka** haben teilweise einen FKK-Bereich, ohne dass dieser als solcher ausgeschildert ist. Im Südwesten der Halbinsel liegt an einem Steilufer der kleine, hübsche Strand **Bilotinjak,** der nur selten stark frequentiert ist.

Sandmeile
NORDSEITE DER LAGUNE

Wie ein Arm legt sich dieser lange Strandabschnitt im Norden um die Altstadtinsel. Die Strände **Ždrijac** und **Ninska laguna** ziehen viele Besucher an, aber wegen der relativ großzügigen Fläche finden sich meist problemlos freie Liegeplätze. Wie auch bei den anderen Sandstränden ist das Wasser hier wärmer, und man muss recht weit hineingehen, bis man in tieferem Gewässer schwimmen kann.

ZADAR C1

Stadtplan → S. 71

75 000 Einwohner

Diese Stadt hat während ihrer langen Geschichte stürmische Zeiten erlebt. Vor ca. 3000 Jahren wurde Zadar von Liburnern besiedelt, einem illyrischen Stamm. Von den Römern wurde es erstmals im 4. Jh. v. Chr. erwähnt – unter dem Namen Jader bzw. Jadera – und im 2. Jh. v. Chr. erobert. Im Laufe der Zeit bekam die Stadt verschiedene Namen: Idassa, Diadora, Zara … Im 6. Jh. fiel sie einem verheerenden Erdbeben zum Opfer, viele Gebäude wurden zerstört. Byzanz rief im 7. Jh. Zadar zur Hauptstadt der Provinz Dalmatien aus. Großes Leid durchlebte die Stadt im Jahr 1202, als Kreuzritter sie plünderten und verwüsteten. Ab Ende des 18. Jh. unterstand Zadar für die nächsten 200 Jahre verschiedenen Mächten: Venedig, Österreich-Ungarn, Frankreich, Italien, Jugoslawien – bis Kroatien 1991 unabhängig wurde. Während des Zweiten Weltkriegs wurde Zadar mehrfach von den Alliierten bombardiert, weit über die Hälfte der Stadt wurde zerstört. Nach der Unabhängigkeitserklärung Kroatiens wurde Zadar von serbischen Truppen beschossen. All das hat Zadar geprägt, es aber auch stark und selbstbewusst werden lassen.

> »Zadar hat den schönsten Sonnenuntergang der Welt, noch schöner als in Key West, Florida, wo man ihm jeden Abend applaudiert.«
> (Alfred Hitchcock)

SEHENSWERTES

1 Landtor
2 Kirche des Heiligen Simeon
3 Archäologisches Museum
4 »Das Gold und Silber von Zadar« ⚑
5 Forum Romanum
6 Kirche des Heiligen Donatus ★

ÜBERNACHTEN

1 Art Hotel Kalelarga
2 Hotel Mediteran

ESSEN UND TRINKEN

3 Proto Food & Moore
4 Eisdiele Donat
5 Kornat

EINKAUFEN

6 Museum für Antikes Glas
7 Maraska

ABENDGESTALTUNG

8 Meeresorgel
9 Arsenal

STRÄNDE

10 Punta Baljo

Zadar

Flughafen, Split,
Dubrovnik

Perivoj Vladimira Nazora

Perivoj kraljice Jelene Madijevke

Perivoj Jarula

Barutana Kaštica

Medu bedemima

Narodnog lista

Landtor

Trg Pet bunara

Ante Kuzmanića

Fosa

Zitadelle

Obala kralja Tomislava

Kampo Castrum

Kirche des Heiligen Simeon

Trg Ilije Smiljanića

Trg Šime Budinaa

Petra Zoranića

Sokolska

Fürsten-palast

Sv. Mihovil

Spira Brusine

Sv. Dominik

Kovacka

Rudera

Trg Petra Preradovića

Širac Petra

Stadt-loggia

Federica Grisogona

Jurja Barakovića

Narodni trg

Mihe Klaića

Varoška

Stadttor

Altstadt

Stomo

Bedemi zadarskih pobuna

Zlatarska

Hrvoja Vukčić

D. dalmatinskog sabora

Jurja Dalmatinca

Mihovila Pavlinovića

Stanovića

Borelli

Zore dalmatinske

Liburnska obala

Hafentor

Stadt-museum

Sv. Krševan

Trg sv. Krševana

Stroka ulica

Knez Šubića bribirskih

Archäologisches Museum

Schatzkammer im Benediktinerkloster

Madijevaca

Gold und Silber von Zadar

Poljana Pape Aleksandra III

Poljana Poljana Natka Nodila

Jurja Divnića

Nikole Matafara

Sv. Stošija

Simuna Kožičića

Romanum

Forum

Obala kralja Petra Krešimira IV

Mate Caramana

Trg Sv. Stošije

Sv. Ilija

Kirche des Hlg. Donatus

Zeleni trg

Zanotta

Zadarskog mira 1358

Liburnska obala

Fährhafen

Arsenal

Baldassare Zuccato

Trg tri bunara

Kaštel

Juita

Gospe od zdravlja

Braće Bersa

Božidara Petranovića

Ivana Brčica

Luke Jelića

Ivana Danila

Sv. Frane

Trg sv. Frane

Meeresorgel

Istarska obala

A d r i a t i s c h e s   M e e r

0 — 60 m

©MERIAN-Kartographie

① ② ③ ④ ⑤ ⑥ ⑦ ⑧ ⑨ ⑩

Die Promenade von Zadar wurde im Zweiten Weltkrieg zestört und durch eine Betonmauer ersetzt. Seit 2005 schlägt eine Meeresorgel (s. S. 77) neue Töne an.

Sehenswertes

❶ LANDTOR (KOPNENA VRATA)

Als Teil der Venezianischen Verteidigungsanlagen wurde diese Wehrmauer (die größte außerhalb der Republik Venedig) in die Liste der UNESCO-Weltkulturerbestätten aufgenommen. Das Landtor von 1543 ist ein Werk des italienischen Architekten Michele Sanmicheli. Über dem Haupteingang im Stil eines römischen Triumphbogens sieht man den venezianischen Markuslöwen. Eines der schönsten Baudenkmäler der späten Renaissance.

Trg pet bunara 1 (Durchgang zur Altstadt)

❷ KIRCHE DES HEILIGEN SIMEON (CRKVA SVETOG ŠIMUNA)

Die Kirche, deren älteste Teile aus dem 14. Jh. stammen, zeigt baugeschichtliche Züge des Barocks. Außerdem birgt sie einen kostbaren Schatz. Es ist eine Truhe – und heute der **Sarkophag des Heiligen Simeon** –, die 1377 von Königin Elisabeth von Bosnien in Auftrag gegeben wurde. Jene Königin war die Gemahlin von Ludwig I. von Ungarn und Kroatien. Die Gebeine des Heiligen Simeon wurden 1570 in diese Kirche verlegt, die zeitgleich ihren Namen von Sv. Stjepan (Stephan) zu Simeon (Šimun) änderte. Hinter dem Altar sieht man den Sarkophag.

Ein italienischer Goldschmied, der zu jener Zeit in Zadar an-
sässig war, fertigte die Kostbarkeit aus 250 kg Gold und Silber.
Der Heilige Simeon ist einer von vier Schutzheiligen der Stadt.
Poljana Šime Budnića | Juni–Sept. 8–12, 17–19, Okt.–Mai 8–12 Uhr |
Eintritt frei

❸ ARCHÄOLOGISCHES MUSEUM (ARHEOLOŠKI MUZEJ)

Das zweitälteste Museum des Landes wurde 1832 gegründet.
Die Sammlung umfasst einen Zeitraum von der Steinzeit bis
zum 12. Jh. Am besten beginnt man mit der Besichtigung im
zweiten Stock. Dort sind die ältesten Funde aus Stein- und
Eisenzeit ausgestellt. Im ersten Stock befinden sich Exponate
aus der Antike. Römische Alltagsgegenstände, Grabbeigaben,
Schmuckstücke und Inschriften belegen die Geschichte der
Stadt und Dalmatiens. Die Sammlung aus dem Mittelalter befindet sich im Erdgeschoss.
Trg opatice Čike 1 | Tel. 0 23/25 05 42 | www.amzd.hr | Nov.–März Mo–Fr
9–14, Sa 9–13, April–Mai, Okt. Mo–Sa 9–15, Juni, Sept. tgl. 9–21, Juli, Aug.
tgl. 9–22 Uhr | Eintritt 20 Kn, ermäßigt 12 Kn, Kinder bis 10 Jahre frei

MERIAN EMPFEHLUNG

❹ »DAS GOLD UND SILBER VON ZADAR« (ZLATO I SREBRO ZADRA)

Diese Dauerausstellung im **Benediktinerinnenkloster zur Heiligen Maria** grenzt unmittelbar an das Archäologische Museum.
Auf einer Fläche von 1200 m^2 wird Kirchenkunst aus Zadar und
Nin ausgestellt. In Zadar gab es im späten Mittelalter eine be-
trächtliche Anzahl an Goldschmieden, die auch im Auftrag der
Kirchen arbeiteten. Teile der Ausstellung sind Skulpturen, Kreu-
ze und Kelche. Ebenso finden sich verschiedene Handarbeiten
der Nonnen darunter. Die Nonnen waren es auch, die all die
wertvollen Stücke über die Jahre aufbewahrt und gehütet haben.
Trg opatice Čike 1 | Tel. 0 23/25 04 96 | www.benediktinke-zadar.com |
Sommer Mo–Sa 10–13, 17–19, So 10–13, Winter Mo–Sa 10–12.30,
17–18.30 Uhr | Eintritt 30 Kn, ermäßigt 10 Kn

⑤ FORUM ROMANUM (RIMSKI FORUM)

Im 1. Jh. n. Chr. ließ Kaiser Augustus dieses Forum errichten. Seit dem Erdbeben im 6. Jh. erinnern heute nur noch Mauerreste an das ehemalige Kapitol. Zu jener Zeit war das 90 × 45 m große Forum von drei Seiten mit Säulen umrahmt und mit Statuen bestückt. Ein Tempel war den römischen Göttern Jupiter, Juno und Minerva geweiht. Es gab hier Thermen und Geschäfte. Die 14 m hohe Säule am Rand der Ruinen diente im Mittelalter als Schamsäule.

Ulica Šimuna Kožičića Benje

MERIAN TOP 10

⑥ KIRCHE DES HEILIGEN DONATUS (CRKVA SVETOG DONATA)

Das Stadtsymbol Zadars ist der Rundbau samt Apsiden aus dem frühen 9. Jh. Es beeindruckt allein schon durch seine Größe und eine Höhe von 27 m. Die vorromanische Kirche weist Enflüsse byzantinischer Architektur auf. Bis ins 15. Jh. hieß sie Kirche der Hl. Dreifaltigkeit, wurde aber nach dem Bischof Donatus umbenannt, auf dessen Initiative der Bau zurückgeht. Errichtet wurde sie auf den Ruinen des alten Forums. Die Fragmente sind bis heute sichtbar. Aufgrund der hervorragenden Akustik in der Kirche finden hier häufig klassische Konzerte statt.

Trg svete Stošije 3 | Tel. 0 23/25 06 13 | April, Mai, Okt. tgl. 9–17, Juni tgl. 9–21, Juli, Aug. tgl. 9–22 Uhr, oder nach Anmeldung | Eintritt 20 Kn, ermäßigt 12 Kn, Kinder bis 10 Jahre frei

Übernachten

① *Warme Farben*
ART HOTEL KALELARGA

Das Viersternehotel repräsentiert den neuen Stil kroatischer Komfort- bzw. Designhotels. Es liegt in der Altstadt und bietet ein gutes Frühstück. Die Zimmer sind komfortabel eingerichtet, in Erdfarben mit Natursteinelementen, und schallisoliert. Das Kalelarga verfügt über ein Restaurant.

Ulica Majke Margarite 3 | Tel. 0 23/23 30 00 | www.arthotel-kalelarga.com | 10 Zimmer | €€€€

Kirche des Heiligen Donatus neben dem Glockenturm der Kathedrale der Heiligen Anastasia, deren Reliquien in einem Sarkophag in der Apsis der Kathedrale ruhen.

② *Beste Ausweich-möglichkeit*
HOTEL MEDITERAN

Wem es nichts ausmacht, dass die Unterkunft ein wenig abseits der Altstadt liegt, ist hier gut aufgehoben. Der kleine Aufwand von 3,5 km lohnt sich, denn das Dreisternehotel bietet Komfort zu moderaten Preisen. Es verfügt über einen Pool und ansprechende Zimmer, die alle mit einem Balkon ausgestattet sind. Das Hotel hat außerdem ein Restaurant mit Außenterrasse und eine Bar, an der es sich gut verweilen lässt.

Ulica Matije Gupca 19 | Tel. 0 23/33 75 00 | www.mediteran.hr | 30 Zimmer | €€–€€€

Essen und Trinken

③ *Gute Mischungen*
PROTO FOOD & MORE

Das »More« dürfte vermutlich zweideutig gemeint sein. Im Kroatischen bedeutet »more« Meer, und das Angebot bietet einiges an Fisch und Meeresfrüchten. Es gibt aber auch Fleisch und eine gute Auswahl vegetarischer Gerichte. Die Küche ist dalmatinisch orientiert, aber es gibt kreative Abweichungen. Im Proto isst man sehr gut zu relativ günstigen Preisen. Die Einrichtung ist eine Mischung aus cool und gemütlich.

Ulica obitelji Stratico 1 | Tel. 0 23/38 64 31 | tgl. 12–23 Uhr | €€

④ *Süße Oase*
EISDIELE DONAT

Diese *slastičarna* (Kroatisch für Konditorei, Eisdiele) existiert in Zadar seit den 1970er-Jahren. Viel Wert wird auf Qualität gelegt, keine der rund 100 wechselnden Sorten soll deshalb Konservierungsstoffe oder Geschmacksverstärker enthalten. Angenehm an dieser Eisdiele ist, dass man auch an Tischen draußen sitzen kann – oder man nimmt sich das Eis mit aufs nahe Forum Romanum.

Trg svete Stošije 4 | Sa–Mi 8–23, Do, Fr 7–23 Uhr | €

⑤ *Fisch & Fleisch satt*
KORNAT

Ein empfehlenswertes Restaurant in der Altstadt mit kleinem Außenbereich und Blick auf die Bucht. Ansprechende Einrichtung und zuvorkommender Service. Auf der Karte stehen – natürlich – Meeresfrüchte und Fischgerichte nach dalmatinischen Rezepten. Aber auch die deftigen Fleischgerichte werden hier ebenso gekonnt zubereitet.

Liburnska obala 6 | Tel. 0 23/25 45 01 | www.restaurant-kornat.hr | Sommer tgl. 12–24, sonst Mo–Sa 12–23 Uhr | €€€

Einkaufen

⑥ *Glasschmuck*
MUSEUM FÜR ANTIKES GLAS (MUZEJ ANTIČKOG STAKLA)

Im Souvenirshop des Museums kann man Repliken antiker Gläser erwerben. Es handelt sich um Nachbildungen der antiken Stücke, die in einer eigenen Werkstatt mundgeblasen werden. Nach einem traditionellen Verfahren wird Schmuck im Glasschmelzofen hergestellt: Ketten, Anhänger, Broschen oder Ringe.

Poljana Zemaljskog odbora 1 | Tel. 0 23/36 38 31 | www.mas-zadar.hr | Mai–Okt. Mo–Sa 9–21, Nov.–April Mo–Sa 9–16 Uhr | Eintritt 30 Kn, ermäßigt 10 Kn, Senioren frei

⑦ *Flüssiges Souvenir*
MARASKA

Den berühmten Maraschino-Likör gibt es im hauseigenen Shop der Firma Maraska. Im gleichnamigen Laden findet man den traditionellen Kirschlikör sowie andere Produkte aus der regionalen und einzigartigen Maraska-Kirsche.

Ulica Nadbiskupa Mate Karamana 3 | Tel. 0 23/20 88 00 | www. maraska.hr | Sommer Mo–Sa 8–21, sonst Mo–Sa 8–16 Uhr

Abendgestaltung

⑧ *Der schönste Sonnen-
untergang der Welt*
**MEERESORGEL UND
SONNENGRUSS
(MORSKE ORGULJE I
POZDRAV SUNCU)**

Sie sieht aus wie eine breite Treppe. Durch die Bewegungen des Meeres wird seit 2005 Luft in die 35 Röhren der Meeresorgel unter den Steinplatten gedrückt. Dadurch entstehen originelle Tonfolgen. Recht dynamisch bei bewegter See, wenn das Meer an Schwung verliert, wird die Melodie melancholischer. Von Architekt Nikola Bašić stammt auch der Sonnengruß in unmittelbarer Nähe zur Meeresorgel. Aus 300 gläsernen Solarplatten ist das kreisförmige Areal gearbeitet. Es hat einen Durchmesser von 22 m und lässt am Abend, passend zur Musik, ein buntes Lichtspiel entstehen. Je nach Jahreszeit und Wetterlage kann das Beobachten des Sonnenuntergangs hier wundervoll sein. In der Hochsaison wird das Ganze durch Heerscharen von Touristen getrübt.

Istarska obala (an der Nordwestspitze der Altstadt-Halbinsel)

⑨ *Kultur und Unter-
haltung*
ARSENAL

Das Gebäude stammt aus dem 16. Jh. und wurde von den Venezianern als Waffenlager genutzt. Heute finden hier Konzerte, Kulturveranstaltungen und Messen statt. Das Programm ist vielfältig und nicht nur bei schlechtem Wetter einen Besuch wert.

Trg tri bunara 1 | Tel. 023/25 38 21 | www.arsenalzadar.com | Öffnungszeiten und Preise je nach Veranstaltung unterschiedlich

Strand

⑩ *Felsig und schattig
unter Pinien*
PUNTA BAJLO

Knapp 3 km südlich von Zadars Altstadt findet man einen schönen »Strand«. Punta Bajlo ist felsig, für Familien mit Kindern also weniger geeignet. Wer gern von Felsen springt, ist hier richtig. Wegen der Vegetation gibt es auch genügend schattige Plätze auf einer Wiese unter Pinien. Erfreulich ist auch die Tatsache, dass hier kein Massenandrang herrscht. Für die Verpflegung ist in der Nähe ein Restaurant.

Südlich der Karma ulica

Ein besonderer Kirschlikör

Im Archiv von **Zadar** findet sich die erste Erwähnung der **Maraska-Kirsche** aus dem Jahr 1399. Im Dominikanerkloster von Zadar sollen die Ursprünge dieses Kirschlikörs liegen. Vor 600 Jahren habe in diesem Kloster alles begonnen.

Die Maraska-Kirsche ist eine autochthone norddalmatinische Sauerkirschsorte. Sie ist etwas kleiner als eine normale Kirsche und besitzt ein saftiges Fruchtfleisch. Im Zeitraum von Ende Juni bis Anfang Juli ist sie reif. Dass die Maraska-Kirsche gerade in der Umgebung von Zadar so prächtig gedeiht, wird auf das für sie perfekte Klima und den karstigen Boden zurückgeführt. Der originale **Maraschino-Likör** wird von der Firma Maraska in Zadar produziert. Er hat einen Alkoholgehalt von 32 Prozent und ist farblos.

Bereits im 18. Jahrhundert hat er Berühmtheit erlangt. In der Londoner Zeitung »The Morning Post« wird 1779 über den Maraschino berichtet, was die Aufmerksamkeit des englischen Adels auf sich zieht. Die Royals bestellen großzügig. Später trinken ihn auch **König George IV.** und **Königin Victoria.** Auch die Franzosen konnten ihm nicht widerstehen, wie **König Ludwig XVIII.**, **Napoleon Bonaparte** und dessen Marschall Marmont. In einem Werk von Honoré de Balzac geht es in einem Dialog über den Maraschino. Fast jeder prominente Besucher von Zadar hat ihn probiert und Gefallen daran gefunden: Giacomo Casanova, Alfred Hitchcock, Ernest Hemingway, Charlie Chaplin … Auf der gesunkenen **Titanic** befanden sich mehrere Kisten Maraschino. Außerdem wurden Cocktails auf diesem Schiff mit einer Maraska-Kirsche dekoriert. In amerikanischen Cocktailbüchern finden sich bis heute Rezepte mit dem dalmatinischen Kirschlikör. Die Firma Maraska exportiert ihren Maraschino weltweit, sogar in den **Vatikan**. Mit dem Likör in den viereckigen Flaschen kann man Cocktails mixen oder ihn einfach pur trinken. Manche verwenden ihn zum Verfeinern von Marmelade oder Speiseeis.

Das Mündungsgebiet des Flusses Krka verschafft Šibenik einen natürlichen Hafen. Der 2,5 km lange Kanal Sveti Ante verbindet ihn mit dem offenen Meer.

ŠIBENIK D2

Stadtplan → S. 81

34 000 Einwohner

Šibenik ist in jeder Hinsicht typisch dalmatinisch. Die Stadt zeichnet etwas ganz Besonderes aus: Während viele andere Städte in der Region auf römische, byzantinische oder venezianische Ursprünge zurückgehen, wurde Šibenik, erstmals 1066 in einer Urkunde erwähnt, von Kroaten gegründet. Es liegt in einer pittoresken Bucht, in deren Nähe die Krka in die Adria mündet. Šibenik ist mit seiner berühmten **Kathedrale des Heiligen Jakob** und den vier Festungen eine Stadt voller Atmosphäre – mit seinen kleinen Gassen, einer interessantenten Kultur und einer gehörigen Prise dalmatinischen Glanzes.

Sehenswertes

MERIAN TOP 10

❶ KATHEDRALE DES HEILIGEN JAKOB (KATEDRALA SVETOG JAKOVA)

Die dreischiffige Basilika gilt als der bedeutendste Sakralbau jener Zeit. Errichtet wurde sie zwischen 1431 und 1536 in mehreren Bauphasen, zu Baubeginn im Stil der venezianischen Gotik und bei Beendigung im Stil der toskanischen Renaissance. Zunächst waren renommierte venezianische Bauherren am Werk, bis **Juraj Dalmatinac** (auch Giorgio da Sebenico genannt) sich von 1441 bis 1473 der Kathedrale annahm und ihr dann die imposante Größe verlieh. Nach seinem Tod führte **Nikola Firentinac** (Niccolò di Giovanni Fiorentino, geboren in Florenz, gestorben in Šibenik) den Bau der Kirche fort.

Spektakulär ist das Gewölbe aus ineinandergreifenden Steinplatten über dem Hauptschiff. Zur Errichtung der gesamten Kathedrale wurden einzig der heimische Kalkstein und Marmor von der Insel Brač verarbeitet. In einem Fries um die Apsiden des Chores sind an der Außenwand 74 steinerne Porträts zu sehen. Die individuell gestalteten Köpfe zeigen Einwohner der Stadt. Laut einer Legende sollen hier die damaligen Geizhälse abgebildet worden sein, die sich am Bau der Kathedrale finanziell nicht beteiligen wollten. Der Wahrheitsgehalt dieser Legende darf jedoch bezweifelt werden, da die Überlieferungen und Aufzeichnungen vielmehr die Bereitschaft der Bürger dokumentieren, sich am Bau zu beteiligen. Die Kathedrale ist reich an Ornamenten, Statuen und Reliefs. Mit großer Raffinesse und mit Liebe zum Detail wurde an ihr gearbeitet. Sie wurde sogar als Drehort für die Serie »Game of Thrones« genutzt. Seit dem Jahr 2000 gehört sie zum UNESCO-Weltkulturerbe. Der Bildhauer Ivan Meštrović schenkte der Stadt Šibenik 1962 eine Skulptur, die heute vor der Kathedrale steht – damit hat er dem Bildhauer und Architekten Juraj Dalmatinac für sein Wirken ein Denkmal gesetzt.

Trg Republike Hrvatske 1 | April–Mai tgl. 8.30–19.30, Juni–Nov. tgl. 8.30 bis 20.30 Uhr, Dez.–März nach Absprache | Eintritt 15 Kn, ermäßigt 5 Kn

SEHENSWERTES
1 Kathedrale des Heiligen Jakob ⭐
2 Stadtloggia
3 Festung des Heiligen Michael
4 Festung des Heiligen Nikolaus

ÜBERNACHTEN
1 Hotel Bellevue Superior City

ESSEN UND TRINKEN
2 SHE Bio Bistro & Rooftop Bar
3 Buffet Šimun

EINKAUFEN
4 Šibenski Botun
5 Bauernmarkt

AUSFLÜGE
6 Falkenzentrum

Šibenik

Varos

Gorica

Dolac

Grad

Plisâc

Festung des
Heiligen Michael
(Sveti Mihovil)

Festung des
Heiligen Nikolaus

Kathedrale des Heiligen Jakob
(Sv. Jakov)

Stadtmuseum Šibenik

Stadtloggia

Fürstenpalast

Split
Dubrovnik

Fährterminal

Gospe
van grada

Theater

© MERIAN-Kartographie

150 m

0

Sv. Duh

Sv. Ivan

Sv. Frane

Sv. Nikole

Sv. Lovre

Sv. Križ

Sv. Križa

Sv. Ana

Sv. Dominik

Nova crkva

Samostan
benediktinki

Kostergarten

Zisterne

Bunari

Kralja Zvonimira

Obala Dr. Franje Tuđmana

Obala prvoboraca

Obala palih omladinaca

❷ STADTLOGGIA (GRADSKA LOŽA)

Etwa an derselben Stelle der heutigen Loggia wurde bereits im 13. Jh. eine frühere erbaut. Mitte des 16. Jh. entstand eine neue Loggia, die dann durch die Bombardierung der Alliierten im **Zweiten Weltkrieg** bis auf die Grundmauern zerstört wurde. Danach begann man mit dem Wiederaufbau. Dabei sollte die Loggia ihr ursprüngliches Aussehen wiederbekommen. Neun **Arkadenbogen** zieren ihre Front. Hier tagte das **Gericht**, und auch die Gefängnisräume waren in der Loggia untergebracht. Gemeindeverwalter und Notare hatten hier ihre Arbeitsräume. Es fanden **Auktionen** statt, und vom Balkon des ersten Stockwerks wurden Beschlüsse, Kaufangebote und Schenkungen ausgerufen. Ende des 18. Jh. wurde das Erdgeschoss vermietet, und es eröffnete ein **Kasino**. Im ersten Stockwerk entstand, nach einigen ästhetischen Veränderungen, ein Festsaal. Manchmal wird die Loggia als ehemaliges Rathaus *(vijećnica)* bezeichnet, doch war der Raatssaal vielmehr im zweiten Stock des Fürstenpalasts *(Kneževa palača)*.

Trg Republike Hrvatske 3 (gegenüber der Kathedrale)

❸ FESTUNG DES HEILIGEN MICHAEL (TVRĐAVA SVETOG MIHOVILA)

Diese Gegend um Šibenik wurde schon vor langer Zeit besiedelt. Ausgrabungen brachten Funde aus illyrischer Zeit zutage, ebenso aus der Zeit der Römer. Das monumentale Bauwerk auf einem Hügel über der Altstadt wird auch **Sveta Ana** genannt. Die genaue Bauzeit ist nicht eindeutig geklärt, vermutet wird das 13. Jh. Im Jahr 2014 wurden Restaurierungen und Umgestaltungen vorgenommen. Seitdem dient das Innere der Festung als **Open-Air-Bühne**, wo während der Sommermonate Festivals und Konzerte stattfinden. Ein Spaziergang durch die steilen Gassen und über Treppen hinauf lohnt allein schon wegen des Ausblicks auf die Altstadt und die Adria.

Aufgang vom Hauptplatz neben der Stadtloggia | Tickets für die Festung: Zagrađe 21 | Tel. 0 91/4 97 55 47 | www.tvrdjava-kulture.hr | Juli, Aug. tgl. 9–22 Uhr, sonst verkürzt | Eintritt März–Okt. 60 Kn, ermäßigt 40 Kn, Familienticket 140 Kn, außerhalb der Saison halber Preis

❹ FESTUNG DES HEILIGEN NIKOLAUS (TVRĐAVA SVETOG NIKOLE)

Im **Kanal Sveti Ante**, der die Bucht von Šibenik mit dem Meer verbindet, liegt die kleine **Insel Ljuljevac**. Ihre imposante Attraktion ist eine Festung, die nach einer umfangreichen Restaurierung für Besucher geöffnet ist. Benannt wurde sie nach dem Benediktinerkloster, das bei der Errichtung Mitte des 16. Jh. abgerissen werden musste. Gebaut wurde sie, um Šibenik vor den Osmanen zu schützen, die immer weiter vordrangen, um Gebiete zu erobern. Die dreieckige Festung ist 2017 in die Liste des UNESCO-Weltkulturerbes aufgenommen worden.

Tickets: an der Riva (Obala Dr. Franje Tuđmana 4) oder online (www.kanal-svetog-ante.com | Tel. 0 22/33 83 43 | Mai–Okt. tgl. 8–21 Uhr | 130 Kn

Übernachten

① *Zentral gelegen*
HOTEL BELLEVUE SUPERIOR CITY

Das neue Viersternehotel liegt direkt am Meer, südlich der Altstadt. Eine gepflegte Unterkunft mit attraktiver Ausstattung und gutem Prei-Leistungs-Verhältnis. Die Zimmer sind in vielen verschiedenen Kategorien verfügbar, je nach Größe und Ausstattung, außerdem verfügt das Hotel über mehrere Suiten. Sämtliche Zimmer haben große Fenster mit Meerblick. Spa mit kleinem Pool und Sauna. Hilfsbereiter, freundlicher Service. Obala hrvatske mornarice 1 | Tel. 0 22/64 64 00 | www.bellevuehotel. hr | 49 Zimmer | €€€–€€€€

Essen und Trinken

② *Vegetarisch und vegan*
SHE BIO BISTRO & ROOFTOP BAR

Das Angebot an veganem und vegetarischem Essen ist vielfältig. Besondere Aufmerksamkeit verdienen die Salat-Bowls oder Gnocchi mit hausgemachtem Pesto. Auch zum Frühstücken bietet sich das SHE an. Verschiedene Smoothies und Kaffee mit Soja- oder Hafermilch gibt es zur Auswahl. Im Sommer sitzt man draußen, und ab 20 Uhr öffnet die Rooftop Bar. Auf der Terrasse kann man bei einem Cocktail entspannt den Tag ausklingen lassen. Zlarinski prolaz 2 | Tel. 0 22/21 59 57 | tgl. 9–24 Uhr | €€–€€€

③ *Typisch dalmatinisch*
BUFFET ŠIMUN
Dieses kleine Lokal mit ein paar Tischen im Außenbereich lässt sich mit ein paar Wörtern beschreiben: schnörkellos, authentisch und flink. Die Portionen sind üppig, die Preise absolut fair. Köstliches dalmatinisches Essen und ein freundlicher Service machen den viertelstündigen Fußweg von der Altstadt lohnenswert.
Ulica fra Jerolima Milete 17 | Mo–Sa 7–22 Uhr | €–€€

Einkaufen

④ *Der besondere Knopf*
ŠIBENSKI BOTUN
Der Šibeniker *botun* (dalm. für »Knopf«) zierte früher die Trachtenkleidung der Männer, und bis heute schätzen ihn die Klapa-Sänger. Längst haben ihn auch die Frauen für sich entdeckt und tragen den *botun* als Ring, Anhänger, Brosche oder Ohrring. Ursprünglich wurde er aus Silber gefertigt, doch gibt es ihn mittlerweile auch aus Gelb- oder Weißgold. In wenigen Souvenirshops ist er zu finden. Mehrere Juweliere in Šibenik haben sich auf dieses Schmuckstück spezialisiert.

Čivljak gilt als der bekannteste Juwelier für den *botun.*
Simon Čivljak | Ulica kralja Tomislava 1 | Mo–Sa 8–13, 16.30–20.30 Uhr

⑤ *Regionale Produkte*
TRADITIONELLER BAUERNMARKT (TRŽNICA/PIJACA)
Am besten kommt man frühmorgens. Etwas außerhalb der Altstadt gelegen, wird dieser Markt weniger von Touristen aufgesucht. Die Bauern aus der Umgebung bieten hier ihre Waren an. Neben Obst und Gemüse werden hier Olivenöl, Kräuter, eingesalzene Sardellenfilets, Frucht-, Kräuter- oder Walnussschnäpse angeboten. Nicht zu vergessen der Honig, besonders, wenn er von den Inseln Šolta, Ugljan, Pašman oder Brač kommt.
Zwischen Ulica Ante Starčevića und Stankovačka ulica | tgl. 6–14 Uhr

Ausflug

⑥ *Greifvogel-Flugshow*
FALKENZENTRUM (SOKOLARSKI CENTAR)
In einem Kiefernwald nur wenige Kilometer östlich vom Stadtzentrum liegt das Greifvogelzentrum, in dem Falken,

Malerisch liegt die Altstadt von Primošten, ein ehemaliges Fischerdorf, auf einer Halbinsel, die heute über einen Deich mit dem Festland verbunden ist.

Adler, Bussarde und Habichte gehalten werden. Der Schutz und die Erhaltung der Arten stehen ganz oben auf der Liste dieser Einrichtung. Verletzte oder kranke Vögel werden von Tierärzten gepflegt und danach wieder in die Freiheit entlassen. Die Besucher erleben, wie die Greifvögel gefüttert werden und welche Flugleistungen sie vor den Augen des Publikums vollbringen. Das Mitführen von Hunden ist nicht erlaubt.

Škugori bb (in Richtung Dubrava fahren und dort den Hinweisschildern »Sokolarski centar« folgen) | Tel. 0 91/5 06 76 10 | www.sokolarskicentar.com | tgl. 10–17 Uhr | Eintritt 45 Kn, ermäßigt 35 Kn

PRIMOŠTEN D3

2800 Einwohner

Südlich von Šibenik findet man eines der entzückendsten Städtchen der dalamtinischen Küste: Primošten. Die Altsadt liegt auf einer Insel, die mit dem Festland verbunden ist. Wenn man durch die verwinkelten Gassen geht, ist es ein bisschen, als wäre die Zeit stehengeblieben. Von der Kirche des Heiligen Georg (Sv. Jurja) aus hat man einen schönen Blick. Rund um die Halbinsel findet man viele Bademöglichkeiten.

Auskunft: Rudina bis. J. Arnerića 2 | Tel. 0 22/57 11 11 | www.tz-primosten.hr

Die Insel Pag ist vielseitig: Die nordöstliche Seite ist den Fallwinden aus dem Velebit schutzlos ausgeliefert und kahl, an der südwestlichen Küste gibt es üppiges Grün.

Die Inseln

PAG nordwestl. C1

9000 Einwohner

Die Insel ist ausgesprochen facettenreich und in zwei Gespanschaften aufgeteilt. Der nördliche Teil gehört zu Lika-Senj, der südliche Teil zu Zadar, also zu Dalmatien. Die Stadt Pag liegt relativ zentral, so kann man die Insel gut erkunden und für sich entdecken. Den südlichen Teil lernt man bereits bei der Ankunft kennen, wenn man vom Festland über die Brücke fährt. Diese sogenannte **Mondlandschaft** macht einen großen Teil der Insel aus. Der Begriff wird häufig verwendet und ist etwas negativ gefärbt, was der Insel keinesfalls gerecht wird. Schließlich leben hier 30 000 Schafe, die auf der Insel beim Grasen Heilkräuter aufnehmen – mit dem Salz des Meeres, das die tosende Bura auf der Insel verteilt hat. Deshalb muss man bei der Herstellung des viel geschätzten **Pager Käses** *(Paški sir)* nicht mehr nachsalzen. Auf 1100 km Länge erstrecken sich die

Trockenmauern, die wegen der Schafe und zur Landabgrenzung mühevoll errichtet wurden. Bemerkenswert daran ist, dass sie der tosenden Bura trotzen. Der Weinanbau spielt immer noch eine Rolle, obwohl der Boden auf Pag nicht besonders fruchtbar ist. Žutica ist jedoch ein geschätzter Weißwein. Untrennbar mit Pag verknüpft ist das größte **Salzwerk** Kroatiens, Solana Pag. Die Insel ist auch für eine spezielle Handarbeit bekannt, die **Pager Spitze**. In der Galerie der Pager Spitze in der Stadt Pag kann man sich einen Eindruck davon verschaffen. Von Mai bis September ist auf Pag Beach-Party angesagt, regelmäßig und ausgelassen. Allerdings betrifft das nur den Strand Zrće bei Novalja. Der Rest der Insel bietet Ruhe, Erholung, Sehenswürdigkeiten und eine faszinierende Landschaft. Die Insel hat durch die dominierenden Karstberge tatsächlich etwas Raues, doch die helle Farbe des Karstes bietet einen wunderschönen Kontrast zum Azurblau des Meeres.

Orte auf Pag

STADT (GRAD) PAG nordwestl. C1

3900 Einwohner

Die heutige Stadt Pag ist gerade mal 550 Jahre alt. Umso erstaunlicher, dass es bereits die dritte Hauptstadt auf der Insel ist. Von der Antike bis zum 4. Jh. gab es die römische Siedlung Cissa, das heutige **Caska**, 1 km südöstlich von Novalja. Die Stadt fiel einem Erdbeben zum Opfer und versank. Daraufhin entstand ein neues Zentrum, am Standort des heutigen **Stari grad** (Alte Stad), knapp 2 km südöstlich der heutigen Stadt Pag. Stari grad war vor 1000 Jahren ein relativ moderner Ort, architektoisch wie wirtschaftlich. Im Jahr 1192 wurde die Kirche der hl. Maria (Sv. Marije) errichtet. Das einzige Gebäude, das die Zeit überdauert hat. Nachdem die Stari grad mehrmals angegriffen und zerstört wurde, waren die Insulaner gezwungen, erneut eine Stadt zu errichten, das heutige **Pag**. Juraj Dalmatinac, einer der renommiertesten Baumeister seiner Zeit, wurde beauftragt. 1450 entwarf er das heutige Stadtbild, mit seinen gerade verlaufenden Gassen.

Auskunft: Od Špitala 2 | Tel. 0 23/61 12 86 | www.tzgpag.hr

Sehenswertes

GALERIE DER PAGER SPITZE (GALERIJA PAŠKE ČIPKE)

Um die berühmte Handarbeit kennenzulernen, bietet sich ein Besuch in diesem Museum an. Die Pager Spitze, die seit 2009 zum immateriellen UNESCO-Weltkulturerbe gehört, wird hier schön präsentiert. Thema sind Technik, Entwicklung und Verwendungsmöglichkeiten der Pager Spitze. Untergebracht ist die kleine Galerie im Rektorenpalast *(Knežev dvor)*, der ebenfalls von Juraj Dalmatinac entworfen wurde.

Trg kralja Petra Krešimira IV | Tel. 0 91/5 34 01 76 | Mai–19. Juni, Sept.–15. Okt. 10–13, 20. Juni–Aug. 10–13, 20–22.30 Uhr, sonst nach Vereinbarung | Eintritt 10 Kn

SVETI VID

Der höchste Gipfel der Insel misst 348 m und heißt Sveti Vid. Hier finden sich die Ruinen einer kleinen Kirche, die 1348 erbaut wurde, und man hat einen atemberaubenden Blick auf Pag, Velebit, die Salzbecken und Nachbarinseln. Von Kolan aus kann man in etwa drei Stunden (Hin- und Rückweg) zum Gipfel wandern. Die Route ist mäßig anspruchsvoll, aber kaum schattig.

Startpunkt: An der Hauptstraße von Kolan nach Pag zweigt vor einer markanten Rechtskurve, etwa 1,5 km nach Kolan, eine Stichstraße ab.

Übernachten

Günstig gelegen
BOUTIQUE HOTEL INTERMEZZO

Ein modernes Viersternehotel, das 2017 eröffnet hat. Es liegt im nördlichen Teil des Stadtzentrums. Bester Service, geschmackvolle Zimmer und Bäder und gutes Frühstücksangebot – in Anbetracht der Leistung ist der günstige Preis eine Erwähnung wert.

Vukovarska ulica 4 | Tel. 0 98/9 22 20 46 | https://boutique-hotel-intermezzo-pag-centre.business.site | 18 Zimmer | €€

Preiswert
PANSION FRANE

Diese Unterkunft bietet alles Wesentliche, ohne gehobenen Standard, ist aber gemütlich und sauber. Gutes Frühstück und Strand in der Nähe. Das Zentrum der Stadt Pag ist in 10 Min. Fußweg zu erreichen.

Dubrovačka ulica 1 | Tel. 0 23/61 13 59 | www.hotel-frane.com | 9 Apartments + 14 Doppelzimmer, mit oder ohne Balkon | €

Essen und Trinken

Das originale Pag
KONOBA BILE

In dieser Konoba kann man *domaće* (Hausgemachtes/Regionales) essen. Es gibt besten *pršut* (Rohschinken), gegrillte Sardellen, Oliven und Pager Käse. Wegen der gemütlichen Atmosphäre kommen gern die Einheimischen hierher.

Ulica Jurja Dalmatinca 35 | Tel. 0 23/61 11 27 | tgl. 19–2 Uhr | €

Einkaufen

Ein besonderer Zwieback
BAŠKOTIN

Seit mehreren Hundert Jahren bringen Nonnen auf Pag ein Gebäck hervor, das man am ehesten als süßen Zwieback beschreiben könnte. Es sind verschiedene Rezepte in Umlauf, doch das beste hüten eben die Nonnen des Benediktinerklosters der Hl. Mar-

gareta. Ursprünglich wurde es für Matrosen gebacken, da es über einen längeren Zeitraum haltbar ist. Die original Baškotini kann man ausschließlich im Kloster kaufen.

Koludraška ulica | Tel. 0 23/61 10 61 | www.benedictus.hr | Mo–Sa 9–12, zusätzlich Di–Fr 16–18 Uhr

Bio-Shopping
REGIONALE SPEZIALITÄTEN

Die **Käserei Gligora** in Kolan ist die berühmteste Adresse für Pager Käse, auch weil sie internationale Auszeichnungen vorweisen kann. Doch auch andere Käsereien bieten hervorragenden Käse, betreiben aber wenig Marketing. Die Käserei MIH produziert ebenfalls fabelhaften Pager Käse. In Kolan kann man bestens private Produkte erwerben, hausgemacht und bio. Die Schilder vor den Häusern informieren über *vino* (Wein), *pršut* (Rohschinken), *rakija* (Schnaps) und natürlich *sir* (Käse). Einfach klingeln und fragen.

Kolan, 15 km nordwestl. von Pag-Stadt | Gligora: Figurica 21 | Tel. 0 23/69 80 52 | www.gligora. com | Mo–Sa 9–16 Uhr | MIH: Stanić 29 | Tel. 0 23/69 80 11 | www. siranamih.hr | Mo–Fr 8–15 Uhr

Zahlenspiele: Allein 1500 der Bäume im Olivengarten von Lun sollen älter als 1000 Jahre sein. Und unter den 80 000 Olivenbäumen finden sich 1500 wilde Oliven.

Aktivitäten

Natur pur
FAHRRADTOUR

Die Insel kann man per Rad gut erkunden. Auf der Website der Touristeninformation (www.tzgpag.hr) findet man einige Vorschläge für Radtouren. Größtenteils handelt es sich um Schotterstraßen. Eine schöne Gelegenheit, mehr von Pags Natur und den kleinen Orten zu entdecken.

Strände

Einsam und wild
BOŠANA

5 km nordwestlich von Pag liegt der Strand des Örtchens Bošana in einer Bucht. Etwas beschwerlich ist der Zugang, kein natürlicher Schatten, aber ein sehr schöner Kiesstrand.

Pfad am Ende des Ortes Bošana

Ausflüge

Olivengärten
LUN

An Pags nördlichster Spitze liegt das Dorf Lun. Außer privaten Häusern und zwei Kirchen bietet Lun nicht viel für Touristen – bis auf eine Attraktion, die sehenswert ist: die Olivengärten. Allein in Lun gibt es rund 80 000 Olivenbäume. Der älteste ist 1600 Jahre alt, das Durchschnittsalter der Bäume liegt bei ca. 1200 Jahren. Von der Straße nach Lun abzweigend, kann

man auf Schotterwegen bergauf und bergab durch den riesigen Olivenhain (Vrtovi Lunjskih maslina) spazieren.

Tovarnele 96 | Tel. 0 53/66 50 67 |
www.olive-gardens.eu | Mo–Sa
9–16 Uhr | Eintritt 20 Kn, mit
Guide und Golfwagen 350 Kn

DUGI OTOK B1–C2

1650 Einwohner

Es ist nicht verwunderlich, wie die »Lange Insel« zu ihrem Namen kam. Sie ist 44 km lang und an ihrer breitesten Stelle nur
4,5 km breit. Erstmals erwähnt wurde Dugi otok vor 1100 Jahren, doch besiedelt ist die Insel schon sehr viel länger. Im Jahr
2011 wurde in einer Höhle ein 11 000 Jahre altes Skelett gefunden. Bis 1985 war Dugi otok autofrei, doch mittlerweile ist die
Infrastruktur ausgebaut, und die Ortschaften sind miteinander
verbunden. Diese Insel eignet sich bestens dazu, Erholung und
Aktivität zu kombinieren. Die Hauptattraktionen von Dugi
otok liegen im Südosten: der Naturpark Telašćica und der unmittelbar angrenzende Nationalpark Kornati. Dugi otok ist
außerdem eines der attraktivsten Tauchgebiete.

Auskunft: Sali, Obala Petra Lorinja bb | Tel. 0 23/37 70 94 | www.dugiotok.hr

Orte auf Dugi otok

BOŽAVA B1

120 Einwohner

Während die Autofähren weiter südöstlich in Brbinj anlegen,
kommen die Segelschiffe und Katamarane in Sali und Božava
an. Božava liegt im nordöstlichen Teil der Insel. Der kleine Ort
hat gerade mal 120 Einwohner. In der deutschsprachigen
Tauchschule sind auch Anfänger, Kinder und Senioren willkommen, die entsprechende Schnupperkurse buchen können.
Ausflüge nach Veli Rat und Sakarun bieten sich an. Ein Auto ist
nicht nötig, da man über die Hotels Fahrräder ausleihen kann.
Veli Rat ist wegen des größten Leuchtturms Kroatiens aus dem
Jahr 1849 bekannt – und der Legende, die Fassade des Turms
sei mit dem Eigelb von 100 000 Eiern gestrichen worden. Der

Sandstrand Sakarun wird manchmal auch Saharun genannt, je nach Ortschaft auf der Insel. Der Strand ist sehr beliebt. Er liegt in einer großen Bucht, das Wasser ist flach abfallend.

Fahrradverleih über die Hotels: Maxim, Agava, Mirta oder Lavanda | www.hoteli-bozava.hr | Tauchschule Božava: www. bozava.de | Leuchtturm: nordwestl. von Veli Rat, dort, wo die Straße endet

SALI B2

740 Einwohner

Sali ist der größte Ort und das Verwaltungszentrum von Dugi otok. Er liegt im Südosten der Insel und wird deshalb auch das Tor zu den Kornati genannt. Sein Name geht auf die Salinen zurück, denn Salz und Fisch gab es an diesem Ort schon immer reichlich. In einem Dokument von 990 wird die Fischerei in Sali erstmals erwähnt. Die hiesige Fischverarbeitungsfabrik Mardešić gibt es seit 1905. In ihr werden Sardellen, Thunfisch und Makrelen in Dosen verpackt. Das Unternehmen beschäftigt ca. 80 Mitarbeiter, doch hat Dugi otok dasselbe Problem wie viele andere Inseln: Junge Menschen ziehen häufig aufs Festland. Um den Arbeitsplatz attraktiver zu machen, bietet Mardešić mietfreie Unterkünfte für die Angestellten.

Sali ist ein pittoresker Ort, an dem man gut ein paar Tage entspannen kann. Am Hafen gibt es mehrere Restaurants und Cafés. Bevor es in den Naturpark Telašćica oder dem Nationalpark Kornati geht, kann man einen Abstecher in das Landschaftsschutzgebiet **Saljsko Polje** machen. Hier findet man bis zu 700 Jahre alte Olivenbäume. Verlässt man Sali in südöstlicher Richtung, geht es bald nicht mehr geradeaus, sondern nur links und rechts. Nach Saljsko Polje biegt man links ab und fährt noch ca. 300 m. Zum **Naturpark Telašćica** biegt man rechts ab und fährt noch ca. 400 m. Beides ist beschildert. Die Ausflüge muss man nicht per Auto machen. Saljsko Polje ist von Sali nur etwa 1 km entfernt. Wer von Sali zu Fuß zum **Salzsee Mir** und den **hohen Klippen** im Naturpark gehen möchte, schafft die etwa 8 km bei gemächlichem Tempo in ca. 2 Stunden.

Fahrräder, Scooter und Boote können ausgeliehen werden über die Hotels Sali (https://hotel-sali.hr) oder Adamo (www.adamo.hr/de)

Sehenswertes

IM VORBEIGEHEN ENTDECKT

STÄDTISCHE BIBLIOTHEK AM HAFEN (KNJIŽNICA I ČITAONICA SALI)

Ein kleines Juwel ist die Städtische Bibliothek am Hafen. Es gibt sie seit 1905. Hier treffen sich Kinder, Jugendliche und Erwachsene, Leseratten und Musiker – zum Lesen, Austauschen und Gitarre- oder Klavierspielen. Für die Einheimischen ist sie wie eine Art zweites Wohnzimmer. Es fällt nicht weiter schwer, sie als solches zu betrachten, denn ausgestattet ist sie mit Sofas und Sesseln. Die Wände schmücken Fotografien und Poster der Einheimischen. Es gibt ein Teleskop und mehrere PCs. Der Bibliotheksbestand von über 13 000 Exemplaren beinhaltet auch fremdsprachige Bücher. In dieser zauberhaft-ausgefallenen Bibliothek finden regelmäßig Veranstaltungen statt. Bei schönem Wetter kann man draußen sitzen und lesen oder Schach spielen. Und im Winter schauen die Einwohner von Sali hier gemeinsam Filme an.

Obala Petra Lorinija bb | Tel. 0 23/37 75 97 | www.knjiznica.hr | Mo 19–21, Di–Fr 9–23, 19–21, Sa 10–13, So 19–21 Uhr | Monatsbeitrag 10 Kn

NATURPARK TELAŠĆICA B/C2

Der Natupark Telešćica grenzt südlich von Sali an den Nationalpark Kornati. Er umfasst die gleichnamige Bucht, 13 Inseln und Riffe sowie 25 Buchten. Auf einer Fläche von 70,5 km² weist der Naturpark eine reiche Flora und Fauna auf: Korallen, Schnecken, Fische, Krebse und sogar einen seltenen fleischfressenden Schwamm. Über 500 Pflanzenarten beherbergt der Naturpark; viele davon sind endemisch. Die größten Attraktionen sind jedoch die Klippen und der Salzsee Mir.

Die **Klippen,** auf der Insel »Stene« genannt, befinden sich am westlichen Ufer des Naturparks. Sie erreichen eine Höhe von 161 m und fallen unter Wasser bis zu 85 m ab. Von hier aus sind manchmal Delfine zu sehen. Auf den Klippen bauen verschiedene Falkenarten ihre Nester. In der Nähe liegt auch der

Salzsee Mir. Nur wenige Meter trennen ihn vom offenen Meer. Bei Stürmen wird das Meerwasser in den Salzsee geweht. Außerdem ist er unterirdisch mit dem Meer verbunden, aber um einige Grad wärmer. Im Salzsee leben verschieden Fischarten, Aale, Krebse, Schnecken und Muscheln. Das Baden ist erlaubt, was im Sommer viele Touristen erfreut.

Zugang siehe Wegbeschreibung bei Sali, nähere Infos und Broschüren erhält man im Naturpark oder der Touristeninformation im Hafen von Sali | Naturpark: Tel. 0 23/37 70 96 (Mo–Fr 7–15 Uhr) | www.telascica.hr | Eintritt 40 Kn, ermäßigt 20 Kn, für Boote je nach Größe entsprechend mehr

3 MERIAN EMPFEHLUNG

NATIONALPARK KORNATI C2

Seit 1980 ist Kornati ein Nationalpark, bereits seit 1965 hatten erste Bemühungen dahingehend stattgefunden. Die Inseln mit der Hauptinsel Kornat sind größtenteils unbewohnt. Zumindest ist keine von ihnen ganzjährig bewohnt. Der Archipel hat eine Gesamtgröße von 217 km², davon entfallen 167 km² auf die Wasserfläche. Von oben betrachtet, sehen die Kornati-Inseln karg und ausgestorben aus. Tatsächlich weist der Archipel mit seinen 89 Inseln und Riffen eine reiche Flora und Fauna auf. Hauptsächlich betrifft das die Unterwasserwelt, doch auch auf den Inseln gibt es mehr Leben, als man auf den ersten Blick vermuten würde. Hier wachsen z. B. die Ragusa-Flockenblume, Baum-Wolfsmilch und neun Orchideenarten. Die Fauna umfasst Eidechsen, (ungiftige) Schlangen, Marder, Fledermäuse, Möwen, 18 Arten von Schmetterlingen sowie Ziegen und Schafe. Schon in früheren Zeiten dienten die Inseln Hirten von der Insel Murter als Weiden für ihre Schafe. Die Trockenmauern haben eine Gesamtlänge von über 300 km. Errichtet wurden sie zur Landabgrenzung für die grasenden Schafe unter schweren Bedingungen: Im Sommer arbeiteten die Männer nachts, wegen der sengenden Hitze. Ein weiterer

»Am letzten Schöpfungstag wollte Gott sein Werk krönen, und so schuf er aus Tränen, Sternen und Atem die Kornaten.« (George Bernard Shaw)

Pinienallee im Norden von Dugi otok. Die »lange Insel« hat eine Länge von 43 km bei einer Breite von 4,6 km. Die Pisten zu entlegenen Orten sind teils abenteuerlich.

Grund für die Errichtung der Trockenmauern war, dass man die Steine von den Feldern entfernen wollte, um sie für Oliven- und Weinanbau zu nutzen.

Die Kornati sind ein Paradies für Taucher und Schnorchler Immerhin gibt es auf dem Areal 350 Arten von Algen und 850 Tierarten. Das Tauchen ist allerdings nur mit einer der registrierten Tauchschulen möglich. Selbstständiges **Tauchen** ist verboten! Der Nationalpark kooperiert dafür mit einigen Tauchzentren, in deren Begleitung man hier tauchen darf. Auf der Website des Parks findet man die jeweiligen Tauchschulen.

Es gibt viele Möglichkeiten, an einer Tour teilzunehmen. Halbtags- und Ganztagstouren, mit Ausflug zum Naturpark Telašćica oder nur auf die Kornati etc. Auf der Website des Nationalparks sind Veranstalter gelistet, ebenso findet man hier die Preisliste, wenn man mit eigenem Boot in den Nationalpark möchte (www.np-kornati.hr/en). Ein großer Vorteil, die Kornati auf eigene Faust zu erkunden: die unzähligen Badebuchten ohne zeitliche Begrenzung nutzen. Auf der Insel **Levrnaka** gibt es den schönen Strand Lojena, im Wasser mit silbrigem Sand.

Tauchschulen: www.np-kornati.hr/en/tourism/ronjenje-i-snorkeling

Der Leuchtturm bei Veli Rat auf Dugi otok ist der größte Kroatiens. In zwei Apartments können Gäste unterkommen, in einer Kapelle im Hof wird gern geheiratet.

DIE LEUCHTTÜRME

Früher dienten sie den Seefahrern, heute den Touristen

Bereits vor unserer Zeitrechnung errichteten die Griechen, danach auch die Römer, Leuchttürme auf dem Gebiet des heutigen Dalmatiens. Die Griechen nannten das heutige **Hvar** *pharos,* was im Griechischen »Leuchtturm« bedeutet.

Das warnende Licht an der Turmspitze wurde anfangs durch Holzfeuer erzeugt, später verwendete man Kohle. Über viele Jahre mussten die Leuchtturmwächter die Geräte manuell bedienen. Heute funktionieren alle Leuchttürme mit einer Automatik. Trotzdem leben in 17 der dalmatinischen Leuchttürme über mehrere Monate pro Jahr noch Wächter, alleine oder mit ihren Familien.

Die meisten Leuchttürme wurden im Laufe des 19. Jahrhunderts von der K.-u.-k.-Monarchie erbaut. Bis Anfang des 20. Jahrhunderts zählte man 66, allerdings wurden während der beiden Weltkriege mehrere von ihnen beschädigt oder zerstört. Zu Zeiten Jugoslawiens wurden dann zusätzlich neue Leuchttürme errichtet. Heute zählt man wieder 48 Leuchttürme an der kroatischen Küste und auf den Inseln. Sie sind aus Stein, Beton und mit Edelstahl errichtet, ihre Wände sind mehrere Meter dick, denn schließlich müssen sie den Launen der Winde und des Meeres trotzen.

Die beiden ältesten Leuchttürme Kroatiens stehen in Istrien. Der drittälteste wurde in Dalmatien im Jahr 1849 errichtet, mit 42 Metern ist er auch der größte: Er steht bei **Veli Rat** auf der Insel **Dugi otok**. Übrigens: Laut einer Legende verdankt dieser Leuchtturm seine gelb glänzende Farbe dem Eigelb von 100 000 Eiern. Angeblich wurden sie deshalb verwendet, um ihn besonders gut sichtbar zu machen. Ob das stimmt? Wer weiß. Kroaten lieben Legenden …

Früher waren die Leuchttürme den Seefahrern eine enorme Hilfe. Hinsichtlich der Sicherheit auf See waren sie absolut notwendig, besonders bei Nebel. Die Nautik in der heutigen Schifffahrt ist mit jener Zeit nicht mehr vergleichbar, weshalb die Leuchttürme weitgehend ihre ursprüngliche Aufgabe verloren haben. Trotzdem: Ganz ausgedient haben sie noch nicht. Manchmal sind sie für die Luftfahrt hilfreich, und auch den Fischern dienen sie noch immer zur Orientierung.

Heute bieten viele der Leuchttürme die **Möglichkeit zur Übernachtung.** Die ehemaligen Wächterwohnungen wurden meist zu recht einfach gehaltenen Apartments für Touristen umgebaut. Die Instandhaltung der Türme kostet viel Geld, doch sie sind eine Art von Kulturgut, das man bewahren möchte. Seit vielen Jahren gehören sie schließlich zur kroatischen Küste einfach dazu. Doch die Idee mit den Touristen hat sich bewährt. Durch die Einnahmen der Übernachtungen werden einige der Unkosten für die Instandhaltung abgedeckt. Viele der Leuchtturminseln sind klein, geradezu winzig. Dank der exponierten Lage ist der Blick auf Küste und Meer einzigartig. Touristen, die ein paar Tage auf einer einsamen Inseln verbringen möchten und sich dafür entscheiden, erwartet ein Höchstmaß an Stille, Besinnlichkeit und Naturnähe. Weitere Infos unter: www.lighthouses-croatia.com.

MITTELDALMATIEN

Die Städte Split, Trogir und Makarska sind heute Besuchermagneten, was sowohl an ihrer interessanten Geschichte als auch an ihrem besonderen Flair liegt. Die Inseln Brač, Hvar und Vis verzaubern über viele Monate im Jahr die Besucher aus der ganzen Welt.

Das touristische Zentrum Mittaldalmatiens ist unbestritten **Split.** Die Stadt ist nicht nur wegen ihres Altstadt-Ambientes und der historischen Gebäude interessant. Hier findet man sehenswerte Museen und die Flaniermeilen Riva und Marmontova ulica. Letztere wurde nach Napoleons Marschall Marmont benannt und gehört zu den schönsten Straßen Splits. Wem die Spaziergänge durch die schmalen Gassen der Altstadt schließlich zu viel werden, kann auf der Marjan-Halbinsel Erholung vom Getümmel finden. Wie lebendig Split tatsächlich ist, zeigt sich am besten abends, denn im Sommer findet fast ständig irgendein Festival hier statt. Nur wenige Kilometer nördlich von Split liegt das heutige **Solin.** Es ist die Ausgrabungsstätte des antiken Salona, das die Hauptstadt der römischen Provinz Dalmatien war. Das pittoreske **Trogir** verfügt über einen kompakten mittelalterlichen Altstadtkern mit bedeutenden Monumenten. Die gesamte Altstadt mit ihren Kirchen, Klöstern und architektonischen Reichtümern wurde im Jahr 1997 von der UNESCO in die Liste des Weltkulturerbes aufgenommen. **Makarska** zieht seit vielen Jahrzehnten Besucher an, völlig zu Recht. Am Fuße des Biokovo-Gebirges präsentiert das Städtchen eine grandiose Kulisse, und an der Makarska-Riviera sind die Kiesstrände seit jeher beliebt.

Brač und Hvar sind die bekanntesten Inseln Mitteldalmatiens. Auf **Brač** gibt es den berühmten Strand **Zlatni rat** (Goldenes Horn), der als einer der schönsten der Welt gilt.

Im 4. Jh. erbaut, wurde im 7. Jh. aus dem Mausoleum Diokletians die Kathedrale des Heiligen Domnius (s. S. 108). Vom Campanile blickt man weit über Split.

Brač erlangte auch Bekanntheit durch den kostbaren Kalkstein. Bei vielen bedeutenden Gebäuden der Welt wurde er eingesetzt, wie dem Weißen Haus in Washington oder dem Berliner Reichstag. Auf der Insel gibt es eine Steinmetzschule, die an bestimmten Tagen für Besucher geöffnet hat.

Die Lieblingsinsel vieler Touristen ist **Hvar,** auch Lavendelinsel genannt. Sie weist die meisten Sonnenstunden auf und hat sich längst zu einer Jetset-Insel entwickelt. Unter wohlhabenden Amerikanern war sie ein Gehimtipp, was sie längst nicht mehr ist. Auf Hvar findet man viele attraktive Strände und ein breites Abendprogramm. In Hvar-Stadt und der Altstadt sind viele Touristen – aber es gibt genügend kleine Orte, in die kaum ein Tourist seinen Fuß hineinsetzt.

In den letzten Jahren haben die Besucher verstärkt auch **Vis** und die kleineren Inseln entdeckt. Trotzdem geht es hier noch ziemlich ruhig zu. Auf Vis wird guter Wein produziert, von hier ist es nur ein Katzensprung bis zur **Grünen Grotte** auf Ravnik oder zur **Blauen Grotte** auf Biševo.

Aussicht auf Meer und Häusermeer der Altstadt von Trogir und die Insel Čiovo. Im mittelalterlichen Gassengewirr kann man sich wunderbar verlieren.

Das Festland

MERIAN TOP 10

TROGIR E3

11 000 Einwohner

Die Küstenstadt hat einen mittelalterlichen **Altstadtkern** mit bedeutenden Monumenten. Trogirs Name geht auf das griechische *tragurion* (Siedlung am Ziegenberg) zurück. Es wurde im 3. Jh. v. Chr. von Griechen gegründet. Die Altstadt entstand zwischen dem 13. und 15. Jh. – vor allem während der venezianischen Herrschaft (1420–1797) wurden die architektonischen Perlen erbaut. Doch haben die Einwohner zu jener Zeit auch unter der venezianischen Unterdrückung gelitten – zumal sie vorher Autonomierechte, einen eigenen Bischofssitz und wirtschaftlichen Aufschwung erlebt hatten.

Bis heute hat sich Trogir das mittelalterliche Stadtbild erhalten können. Seit 1997 gehört die Altstadt von Trogir zum UNESCO-Weltkulturerbe. Auf einer künstlich angelegten Insel liegt die Altstadt zwischen dem Festland im Norden und der Insel **Čiovo** im Süden. Das Festland und die Altstadt sind mit einer Steinbrücke sowie einer Holzbrücke verbunden, nach Čiovo erstreckt sich eine bewegliche Brücke, die Booten Durchlass gewährt. In den Sommermonaten herrscht in den historischen Gemäuern und den Gassen ein erheblicher Rummel. Wer das Flair Trogirs ungestört erleben möchte, sollte das frühmorgens tun. Vom Festland betritt man die Altstadt durch das nördliche **Stadttor,** das Ende des 17., Anfang des 18. Jh. errichtet wurde, mit einer Statue Ivans von Trogir, Schutzpatron der Stadt. Den krönenden Abschluss der Besichtigung bildet die **Festung Kamerlengo,** im südwestlichen Teil der Altstadt zwischen 1420 und 1437 erbaut. Von oben hat man einen schönen Ausblick auf Altstadt, palmengesäumte Riva und Insel Čiovo.

Auskunft: Trg Ivana Pavla II | Tel. 0 21/88 56 28 | www.visittrogir.hr

Sehenswertes

STADTMUSEUM (GRADSKI MUZEJ)

Von den bedeutenden Gebäuden in Trogir – neben dem Palast Ćipiko nördlich der Kathedrale, dem Rathaus südlich der Kathedrale und dem Palast Lucić an der Riva – ist der Palast Garagnin der erste, den man beim Betreten der Altstadt durch das nördliche Stadttor zu sehen bekommt. Der Palastkomplex Gargnin-Fanfogna weist Stilelemente von der Romanik bis zum Barock auf. Seit den 1960er-Jahren ist das Stadtmuseum in dem Gebäude untergebracht. Es legt die Geschichte der Stadt anschaulich dar – von der Gründung durch die Griechen bis zum Leben der Bevölkerung in der neueren Geschichte. Sehenswert sind auch die Bibliothek der Familie Garagnin, das Lapidarium sowie die Abteilung zeitgenössischer Kunst.

Gradska vrata 4 | Tel. 0 21/88 14 06 | https://hvm.mdc.hr/en | Juni, Sept. Mo–Sa 10–13, 17–20, Juli, Aug. tgl. 10–13, 18–21, Okt.–Mai Mo–Fr 9–14 Uhr | Eintritt 20 Kn

KATHEDRALE DES HEILIGEN LAURENTIUS (KATEDRALA SVETOG LOVRE)

Das wichtigste Bauwerk der Stadt ist dem Heiligen Laurentius geweiht. Begonnen wurde mit dem Bau der dreischiffigen Basilika um das Jahr 1200, abgeschlossen wurde es knapp 400 Jahre später. Die Kathedrale vereint mehrere Stilepochen: Romanik, Gotik, Renaissance und Barock. Als eine der bedeutendsten Steinmetzarbeiten auf dalmatinischem Territorium gilt das westliche **Portal** der Kathedrale. Es stammt vom Bildhauer Radovan sowie seinen Schülern und wurde im Jahr 1240 vollendet. Als Beschützer sind zwei Löwen dargestellt, über ihnen Statuen von Adam und Eva. Die Lünette zeigt Christi Geburt, ferner sind am Portal szenische Darstellungen aus dem Leben Christi sowie biblische Motive. Das komplexe Werk lohnt eine ausführliche Betrachtung. Auch Motive aus dem alltäglichen Leben jener Zeit wurden hier verewigt. Im Inneren der Kathedrale beeindruckt das **Taufbecken** aus dem Jahr 1467, das eine Arbeit des Bildhauers Andrija Aleši ist, der u. a. in der Kirche auch das Relief der Taufe Christi fertigte. Einen großen Beitrag leistete an der Kathedrale auch der berühmte Bildhauer Nikola Firentinac. Nach seinen Entwürfen entstand die **Kapelle des Heiligen Johannes,** die als schönster Teil der Kathedrale gilt. Auch die mit Säulen versehene Kanzel aus dem 14. Jh. sowie das gotische Chorgestühl gelten als Meisterwerke der Kirchenkunst. Der markante Glockenturm wird nicht selten als schönster Dalmatiens bezeichnet.

Trg Ivana Pavla II. 6 | Tel. 0 21/88 14 26 | www.smn.hr/trogir-sv-lovre | Sommer Mo–Sa 8–19, So 12–18 Uhr, Winter verkürzt | Eintritt 25 Kn

LOGGIA (GRADSKA LOŽA)

Direkt an die Loggia grenzt die Kirche des Heiligen Sebastian (Crkva Sv. Sebastijana). Die Loggia wurde bereits im 13. Jh. erwähnt, ihr heutiges Aussehen erhielt sie jedoch im 19. Jh. In der Loggia tagte im Mittelalter das Gericht, hier wurden Gefangene festgehalten oder an den Pranger gestellt. Über dem Richtertisch ist ein opulentes Relief der Justitia. Es stammt aus dem Jahr 1471, ein Werk von Nikola Firentinac. Das andere Relief stammt von Ivan Meštrovic und zeigt Ban (Würdenträger) Berislavić zu Pferde. Von der Kirche des Heiligen Sebastian, Mitte des 15. Jh. errichtet, steht nur mehr der Turm. Teile der alten Kirche wurden im 19. Jh. abgerissen und in diesen neu eingearbeitet. Statt eines Glockenturms hat die Kirche nun einen Uhrenturm.

Trg Ivana Pavla II.

Wahrzeichen Trogirs ist die Kathedrale des Heiligen Laurentius. Darin befindet sich die Kapelle des Heiligen Johannes – ein wichtiges Renaissancedenkmal in Europa.

KAIROS SAMMLUNG

Das **Benediktinerinnenkloster der Kirche des Heiligen Niko-laus** (Svetog Nikole) wurde 1064 von wohlhabenden adligen Familien gegründet. Es wurde auf den Fundamenten alter Kirchen und des südlichen Stadttors der antiken Stadt errichtet. Es ist das erste Nonnenkloster Dalmatiens. Die ersten Nonnen waren adliger Abstammung, doch fanden bürgerliche Töchter immer häufiger Zugang zum Kloster. Im Innenhof sieht man eine griechische Inschrift aus dem 2. Jh. v. Chr. Vom Innenhof gelangt man zu **Kairos Kunstsammlung.** Das kostbarste Ausstellungsstück ist das Relief, welches Kairos darstellt. Er ist der personifizierte Begriff aus der griechischen Mythologie und steht für den glücklichen Augenblick, den richtigen Moment. Dargestellt wird er mit Haarschopf, der nach vorn fällt, während der Hinterkopf kahl ist. So entstand die Redensart »Die Gelegenheit beim Schopf packen« – und der Ausdruck »Kairophobie« ist die Angst davor, Entscheidungen zu treffen. Gefertigt wurde das Kunstwerk im 3./4. Jh. v. Chr. von einem unbekannten Künstler. Die anderen Exponate sind ebenfalls interessant. Archäologische Funde, Kirchengewänder, Kunst und Manuskripte.

Gradska ulica 2 | Tel. 0 21/88 16 31 | Sommer Mo–Sa 8–13, 15–19 Uhr, sonst verkürzt | Eintritt 15 Kn

Übernachten

Zuvorkommender Service
APARTHOTEL BELLEVUE

Das Dreisternehotel liegt etwa 300 m vom Stadttor entfernt. Die hellen Räume – DZ oder Apartments, mit oder ohne Balkon – sind geschmackvoll eingerichtet. Der Service überzeugt auf ganzer Linie.

Ulica Kardinala Alojzije Stepinca 42 | Tel. 0 21/49 20 00 | 25 Zimmer | €€

Nähe zur Altstadt
ČIOVO

Auch im nördlichen Teil der Insel Čiovo gibt es eine Vielzahl empfehlenswerter und günstiger Privatunterkünfte. Die meisten können über Internetagenturen gebucht werden, einige auch direkt.

www.ciovoinfo.com

Essen und Trinken

B&B mit Restaurant
VANJAKA

Am Rand der Altstadt liegt dieses Bed & Breakfast mit zugehörigem Restaurant. Die Zimmer sind gemütlich und nett, zu fairen Preisen. Das Restaurant ist für Frühstück, Mittag- und Abendessen gleichermaßen zu empfehlen.

Radovanov trg 7–9 | Tel. 0 91/5 03 87 34 | www.restaurant-vanjaka.com | Mo–Sa 9–23.30, So 18–23.30 Uhr | €€

Klassisch, aber gut
RESTAURANT BARBA

Das Restaurant liegt etwa 1 km westlich der Altstadt. Es bietet dalmatinisches Essen an, aber auch Klassiker wie Ćevapčići oder Wiener Schnitzel mit Pommes. Ein Allrounder, auch die Fischgerichte sind sehr zu empfehlen, ebenso die Weine.

Ulica Hrvatskih žrtava 44 | tgl. 10–24 Uhr | €€–€€€

Einkaufen

Fokus auf Wein
THE DRINK SHOP

Der Laden liegt an der Riva und ist es wert, besucht zu werden. Regionale Weine, aber auch Champagner, Gin, Whisky, Liköre und Biere stehen zur Auswahl. Softdrinks gibt es in den Kühlschränken – somit ist ein Besuch sowohl zur Erfrischung als auch zum Souvenirkauf geeignet.

Obala Bana Berislavića 1–10 | Tel. 0 97/7 54 51 68 | www.the-drink-shop.business.site | tgl. 8–24 Uhr

SPLIT E/F3

Stadtplan → S. 106/107

178 000 Einwohner

Von den Griechen wurde sie Aspalathos genannt und später von den Römern Spalatum. Kroatiens zweitgrößte Stadt ist weit davon entfernt, eine Millionenstadt zu sein, dennoch fühlt sie sich an wie eine Metropole. Sie pulsiert ohne Unterlass, steht niemals still. Split ist mondän und lässig, antik und modern, aufgeschlossen und stolz. In Split sind das keine Widersprüche, es ist eine Lebensart. Im 3. bis 4. Jh. v. Chr. als griechische Kolonie gegründet, hat Split lange gebraucht, sich außerhalb Europas einen Namen zu machen. Doch heute herrscht im Sommer Gedränge in den Gassen der Altstadt. Viele Besucher kommen wegen des Diokletian-Palasts, dem Wahrzeichen der Stadt. So beeindruckend er ist, Split hat aber noch mehr zu bieten. Es finden regelmäßig Festivals statt, aus den Cafés dringt laute Musik, und an der Riva wird lange gefeiert. Das mediterrane Flair der Stadt zeigt sich hier von seiner attraktivsten Seite, und es wird deutlich, wie viele junge Leute in Split leben. Immerhin verzeichnet die Stadt 20 000 Studenten. Wer dennoch ein paar Stunden dem Trubel entrinnen möchte, kann das im **Strossmayer-Park** tun, nördlich des Diokletian-Palasts. Oder sich auf die **Halbinsel Marjan** begeben. Hier findet man Ruhe, Schatten spendende Wälder und Möglichkeiten für Spaziergänge am Meer.

Sehenswertes

MERIAN TOP 10

❶ DIOKLETIAN-PALAST (DIOKLECIJANOVA PALAČA)

Die für Kaiser Diokletian erbaute Palastanlage wurde um das Jahr 300 errichtet. Der historische Kern mit dem Diokletian-Palast ist seit 1979 UNESCO-Weltkulturerbe. Der Gebäudekomplex umfasste eine Größe von 180 × 215 m. Touristenbroschüren geben dem Besucher eine Orientierung und enthalten Zeichnungen, die verdeutlichen, wie das rechteckige Gebäude

SEHENSWERTES

1 Diokletian-Palast ⭐

2 Kathedrale des Heiligen Domnius

3 Stadtmuseum

4 Archäologisches Museum 🚩

5 Museum Kroat. Archäologischer Denkmäler

6 Galerie Meštrović

ÜBERNACHTEN

① Villa Varoš

② Judita Palace

③ Hotel Consul

ESSEN UND TRINKEN

④ Corto Maltese Freestyle Food

⑤ Brutal Bar & Kitchen 🚩

⑥ Zrno Soli

EINKAUFEN

⑦ Palastkeller

⑧ Dancing Bear 👁

⑨ Jaman Gallery

ABENDGESTALTUNG

⑩ Paradox Wine & Cheese Bar

⑪ Nationaltheater

STRÄNDE

⑫ Bačvice

⑬ Marjan-Halbinsel

AUSFLÜGE

⑭ Salona

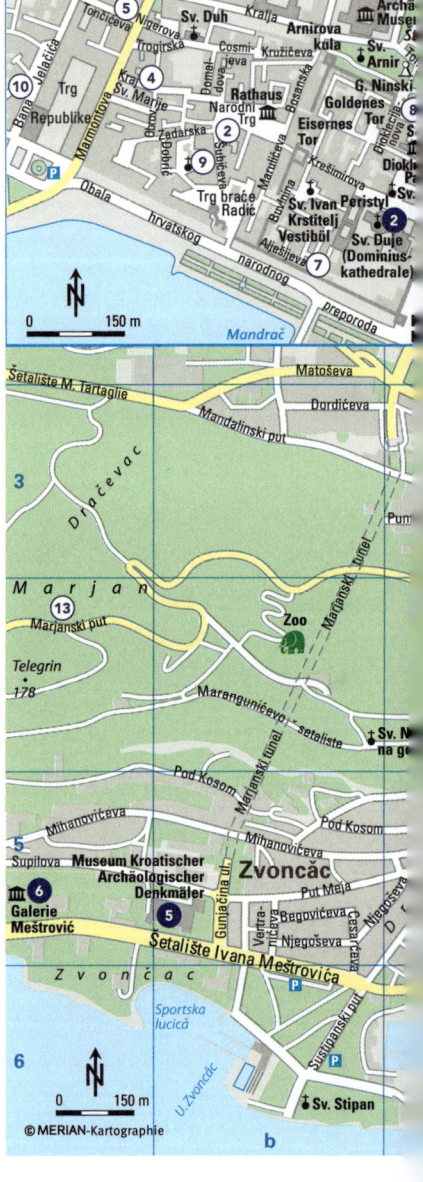

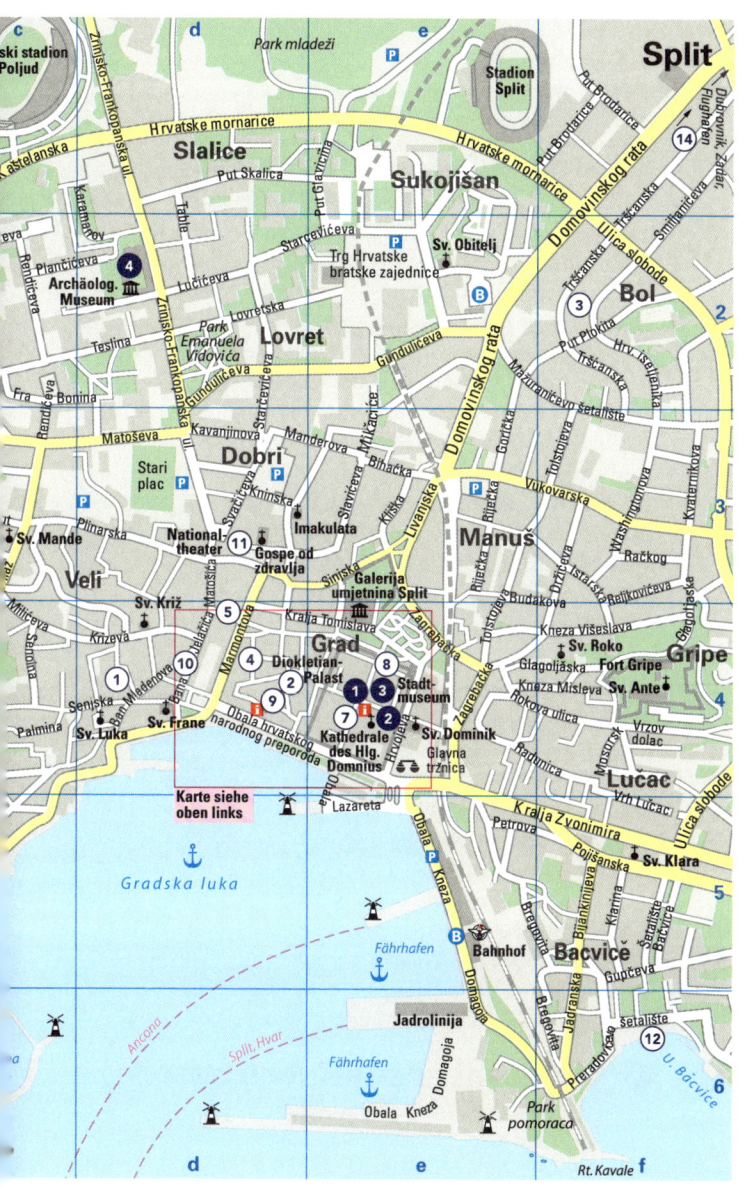

in der Antike ausgesehen hat. Überdauert haben zum Teil die äußere Befestigungsmauer mit ihren Toren und einige Gebäudeteile im Inneren. Sehenswert sind beispielsweise die Überreste des Peristyls, wo sich der Kaiser seinerzeit seinen Untertanen und offiziellen Gästen zeigte. Der von korinthischen Säulen umrahmte Innenhof ist heute eine grandiose Kulisse, für Fotos und um im Café zu sitzen. Vom Peristyl aus erreicht man die Kathedrale des Heiligen Domnius (Sveti Duje), in früheren Zeiten das Mausoleum des Kaisers.

Zu den Jahreszahlen von Diokletians Geburt und Tod gibt es unterschiedliche Angaben. Geboren wurde er ca. 240, gestorben ist er 313 oder 316. In die Geschichtsbücher eingegangen ist er als ambivalente Persönlichkeit. Er setzte intelligente Reformen durch und führte ein neues und effektives Steuersystem ein. Doch soll er auch ein brutaler Christenverfolger gewesen sein. Diokletian war der einzige römische Kaiser, der freiwillig abdankte. Nach seinem Tod wurde der Palast als Zufluchtsort und für Mitglieder der kaiserlichen Familie genutzt. Ab dem Jahr 600 residierten hier die oströmischen Statthalter. Nachdem Diokletians Geburtsstadt Salona (Solin) im Jahr 614 zerstört worden war, flüchteten viele Bürger aus Salona in den nahe gelegenen Palast. In der Folgezeit entwickelte sich um den Palast herum die Stadtgemeinde Spalatum, aus der später die Stadt Split hervorging. Durch das Goldene Tor soll Diokletian am 1. Juni 305 erstmals seinen Palast betreten haben. Vor dem Eingang steht die Statue von Grgur Ninski mit blank geriebenem Zeh. Angeblich bringt es Glück, über dessen Zeh zu streichen.

Ulica kralja Tomislava (Goldenes Tor) | Palastanlage jederzeit zugänglich und kostenfrei

❷ KATHEDRALE DES HEILIGEN DOMNIUS (KATEDRALA SVETOG DUJE)

Aus dem ehemaligen Mausoleum Diokletians wurde Mitte des 7. Jh. diese Kathedrale. Benannt wurde sie nach dem Bischof von Split, der in Salona getötet und daraufhin zum Märtyrer wurde. Im Inneren sieht man beeindruckende Werke der

Den Innenraum der Kathedrale des Heiligen Domnius zieren acht Schmucksäulen aus Granit. Die beiden Nebenaltäre aus dem 15. Jh. sind älter als der Hauptaltar.

Steinmetzkunst, darunter die Porträts des Kaisers Diokletian sowie seiner Frau Prisca. Unbedingt betrachtenswert ist das monumentale Hauptportal der Kathedrale. In das Walnussholz des Tors sind Szenen aus dem Leben Christi geschnitzt. Das Kunstwerk wurde im Jahr 1214 vom Spliter Meister Andrija Buvina gefertigt. Der Anastasius-Altar von 1448 ist ein Werk von Juraj Dalmatinac. An die Kathedrale angeschlossen ist eine Schatzkammer mit einer Sammlung von historischer Kirchenkunst. Wer möchte, kann zum Glockenturm hinaufsteigen und aus fast 60 m Höhe über die Stadt blicken.

Ulica kraj sv. Duje 5 | tgl. 7–21 Uhr | Eintritt Kathedrale 20 Kn, Glockenturm 20 Kn

❸ STADTMUSEUM (MUZEJ GRADA SPLITA)

Von der Urgeschichte bis ins 20. Jh. gibt die Sammlung Aufschluss über die alte und neuere Geschichte der Stadt. Erbaut wurde das Gebäude im 15. Jh. im Stil der venezianischen Blumengotik von Bildhauer und Architekt Juraj Dalmatinac. In dem Palast wohnte die adlige und angesehen Familie Papalić. Heute ist darin das Stadtmuseum untergebracht.

Papalićeva 1 | Tel. 0 21/36 01 71 | www.mgst.net | tgl. 8.30–21 Uhr, außer an Feiertagen | Eintritt 20 Kn, ermäßigt 10 Kn

Ivan Meštrović 1937 bei der Arbeit an seiner Skulptur »Kroatische Rhapsodie«. Den Werken des berühmten Bildhauers kann man vor allem in Split begegnen.

IVAN MEŠTROVIĆ

Kroatiens berühmtester und vielseitigster Bildhauer

Die monumentalen Skulpturen erscheinen in ihren Gesten und Posen kraftvoll und sehr expressiv. Bei längerer Betrachtung erkennt man, dass die dargestellten Charaktere auf einen zentralen Ausdruck konzentriert sind und dieser durch individuell gestaltete Einzelheiten verstärkt wird. Man blickt in fein gestaltete Gesichter, die tiefen Ernst, ungebremste Freude oder musische Heiterkeit verkörpern. Manche Gliedmaßen wie Füße, Schenkel oder Oberarme hat der Meister übergroß geschaffen. Aber man entdeckt auch – gleichsam als Gegensatz – sensibel und zart gearbeitete Partien. Je länger man hinsieht, desto offenkundiger wird das Vermögen des Künstlers, Stimmungen und Leidenschaften ebenso feinfühlig wie eigenwillig darzustellen.

Meštrović, 1883 geboren, wächst in dem kleinen Dorf **Otavice** auf. Der junge Ivan lebt in bescheidenen Verhältnissen, hütet Schafe, interessiert sich für epische Volkslieder und die Helden der kroatischen Geschichte. Außerdem schnitzt er Holzfiguren, die sich als derart originell herausstellen, dass die Eltern auf das künstlerische Talent ihres Sohnes aufmerksam werden. Sie schicken ihn in eine Steinmetzschule nach **Split.** Bald kann er durch die Hilfe von Förderern nach **Wien** umsiedeln, wo er mit 17 Jahren ein Studium an der Akademie beginnt. Vier Jahre lang lernt er von renommierten Bildhauern. Danach geht er nach **Paris,** wo er stark von Auguste Rodin und seiner Auffassung von Expressivität beeinflusst wird. Meštrović erschafft eine Skulptur nach der anderen und wird bis zu seinem Tod künstlerisch aktiv bleiben. Auf einer internationalen Ausstellung in Rom erhält er 1911 den ersten Preis. Das wird der Durchbruch zu einer erfolgreichen Karriere. Es folgen Ausstellungen in London, Glasgow, Rom, Paris, Genf und Cannes. Zwischen den beiden Weltkriegen stellt er in New York, Chicago, Paris, Prag und Berlin aus. In den Jahren von 1922 bis 1942 lebt Meštrović in **Zagreb.** Während des Zweiten Weltkriegs kommt er durch

> Während seiner frühen Schaffensperiode konzentriert er sich auf historische Figuren und Themen – oft mit patriotisch, national gesinntem Charakter – oder Motive aus Mythen, Legenden und Volksliedern.

das faschistische Ustaša-Regime für mehrere Monate ins Gefängnis. Er verachtet den Faschismus – weshalb er auch die Einladung der Nazis ablehnt, nach Berlin zu kommen. Ebenso wenig sympathisiert er später mit dem Kommunismus. Aus diesem Grund möchte er auch nicht in Jugoslawien leben. Nachdem er einige Jahre in **Rom** verbracht hat, folgt er 1946 einem Ruf an die Syracuse University in New York. Als erster lebender Künstler hat er 1947 eine eigene Ausstellung im **Metropolitan Museum of Art.** Von 1955 bis zu seinem Tod lehrt er Bildhauerei an der University of Notre Dame in **South Bend, Indiana**.

Die Ereignisse des Ersten Weltkriegs hatten Meštrovićs künstlerisches Schaffen verändert. Er widmete sich nun eher klassischen musischen oder mediterranen Motiven – seine Begeisterung für das Schaffen Michelangelos zeigt sich hier. In diesen Jahren entstanden originale Skulpturen musizierender Frauen, die Geige, Harfe oder Laute spielen. Der Faltenwurf der Gewänder ist perfekt in Szene gesetzt. In einer späteren Phase nimmt der Künstler vermehrt religiöse Motive auf. Es entstehen Figuren von Heiligen, Engeln und Aposteln. Gleichzeitig erschafft er monumentale Skulpturen historischer Persönlichkeiten wie die 1927 kreierte Figur des Kirchenreformers Grgur Ninski. Die acht Meter hohe Statue steht vor dem **Diokletian-Palast in Split.**

In der **jugoslawischen Periode** gab es immer wieder Versuche, den prominenten Künstler für politische Zwecke einzuspannen. Es gelang ihm aber weitgehend, sich diesen Vereinnahmungen zu entziehen. Nie aufgegeben hat er seine Identität als Kroate und seinen Glauben an das kroatische Volk. Heute wird er in den Lehrbüchern als einer der letzten großen Bildhauer klassischen Typs dargestellt. Meštrović war eine vielseitige Persönlichkeit, die sich mit enormer Schaffenskraft auch als Architekt, Schriftsteller und Maler betätigte. Seine künstlerischen und politischen Erfahrungen im Ausland haben ihn stets vor Engstirnigkeit und dogmatischem Nationalismus bewahrt.

Sein Leben war ereignisreich, gekrönt von Anerkennung und Erfolg, doch privat erlebte er schwere **Schicksalsschläge.** Den Tod seiner 24-jährigen Tochter musste er 1949 verschmerzen. Sein 36-jähriger Sohn beging 1961 Selbstmord. Ivan Meštrović starb wenige Monate später, im Januar 1962. Begraben wurde er im Familienmausoleum in seinem Heimatdorf **Otavice.** Das Mausoleum hatte Meštrović bereits zwischen 1920 und 1931 gestaltet. Zehn Jahre vor seinem Tod vermachte er seinen Besitz und seine Kunstwerke dem kroatischen Volk. Auch die Galerie in Split ist Bestandteil des Erbes. Meštrović hatte diese 1931 gekauft und äußerst aufwendig ausbauen lassen. Heute verwaltet dort die Ivan Meštrović Foundation die Ausstellung der Werke.

Eine Vielzahl von Arbeiten ist außerdem im **Atelier Meštrović in Zagreb** zu sehen. Meštrović ist mit seinen Originalwerken in vielen kroatischen Städten sowie im Ausland präsent, u. a. in Serbien, England, Italien, Bulgarien, Rumänien sowie in mehreren Ländern Lateinamerikas. In den **USA** sind seine Skulpturen in den Museen in Notre Dame (Indiana) und Baton Rouge (Louisiana) ausgestellt sowie auf vielen attraktiven Plätzen im ganzen Land aufgestellt. Man findet sie z. B. in den Straßen von Washington D. C., Chicago, New York, Florida, an den Niagarafällen, in der berühmten Mayo-Klinik in Rochester, Minnesota, und vor einer Kathedrale auf Hawaii.

Relief mit der Personifikation der Stadt Salona aus dem 4. Jh. Die Sammlung des Archäologischen Museums in Split mit 150 000 Exponaten reicht bis ins Mittelalter.

MERIAN EMPFEHLUNG

④ ARCHÄOLOGISCHES MUSEUM (ARHEOLOŠKI MUZEJ)

Anfang des 16. Jh. spazierten die adligen Spliter Dominik Papalić und Marko Marulić durch die Ruinen von Salona und fanden dabei mehrere Inschriften, Grundstock der heutigen Sammlung. Als Kaiser Franz Joseph I. im Jahr 1818 Split und die Ruinen von Salona besuchte, entstanden Pläne zur Gründung eines Museums. Zwei Jahre später waren sie umgesetzt – somit ist es das älteste Museum des Landes. Es verschafft Einblicke in die Zeit der griechischen Kolonialisierung, der römischen Provinz Dalmatia sowie des mittelalterlichen Dalmatiens.

Zrinjsko Frankopanska ulica 25 | Tel. 0 21/32 93 40 | www.mdc.hr |
Juni–Sept. Mo–Sa 9–14, 16–20, Okt.–Mai Mo–Fr 9–14, 16–20,
Sa 9–14 Uhr | Eintritt 30 Kn, ermäßigt 15 Kn

⑤ MUSEUM KROATISCHER ARCHÄOLOGISCHER DENKMÄLER (MUZEJ HRVATSKIH ARHEOLOŠKIH SPOMENIKA)

Das Museum als solches ist weit gereist. Von der Gründung 1893 in Knin über Sinj und die Festung Klis – bis es schließlich nach Split kam. Ausgestellt werden Funde aus altkroatischer Zeit. Die

Monumental liegt die Galerie Meštrović direkt am Meer. Auch das Gebäude und der Park mit vielen Skulpturen wurden nach Plänen des Bildhauers errichtet.

Sammlung umfasst eine Zeitspanne vom 7. bis zum 12. Jh. Ungefähr 5000 Exponate sind dauerhaft ausgestellt, abhängig vom Ausstellungsprogramm können es bis zu 20 000 sein. Waffen und Zaumzeug, Grabbeigaben wie Ohr-, Finger- und Haarringe, Steintafeln, Münzen, Schmuck und Keramik. Ein besonderer Teil der Sammlung ist das aus einem Steinblock gemeißelte Taufbecken. Gefertigt wurde das Taufbecken Anfang des 9. Jh. in Nin.

Šetalište Ivana Meštrovića 18 | Tel. 0 21/32 39 01 | www.mhas-split.hr | 15. Juni–15. Sept. Mo–Fr 9–13, 17–20, Sa 9–14, 16. Sept.–14. Juni Mo–Fr 9–16, Sa 9–14 Uhr | Eintritt frei

⑥ GALERIE MEŠTROVIĆ (GALERIJA MEŠTROVIĆ)

Die Galerie liegt auf der ruhigen Halbinsel Marjan. Eindrucksvolle Holz- und Metallskulpturen des großen Meisters Ivan Meštrović sind zu sehen sowie das ehemalige Wohnzimmer. Arbeiten aus Walnuss- und Lindenholz zeigen religiöse Motive. Die Galerie sollte man um die Mittagszeit besuchen, dann scheint die Sonne optimal durch die frontale Säulenhalle auf die Kunstwerke. Außer den Skulpturen in der neoklassischen Villa sind auch Kunstwerke im parkähnlichen Garten zu sehen. In unmittelbarer Nähe befindet sich auch ein von Meštrović gestalteter Kirchenraum mit zentralem Kreuz und 28 Holzreliefs an den Wänden – wahrlich beeindruckend (→ S. 110).

Šetalište Ivana Meštrovića 46 | Tel. 0 21/34 08 03 | www.mestrovic.hr | Nov.–April Di–Sa 9–16, So 9–15, Mai–Okt. Di–So 9–19 Uhr | Eintritt 40 Kn, ermäßigt 20 Kn; Kirchenraum: Eintritt 20 Kn, ermäßigt 10 Kn

Dichter und Humanist

Das Gesamtwerk des kroatischen Dichters und Humanisten ist zu einem Großteil erhalten geblieben. Marko Marulić wurde 1450 in **Split** geboren – 30 Jahre, nachdem die Stadt unter die Herrschaft Venedigs gefallen war. Marulić stammte aus einer adligen Familie. In Split ging er bei einem humanistischen Gelehrten zur Schule. Es wird angenommen, dass er in Padua das Studium der Rechtwissenschaften abschloss.

Der Renaissancedichter Marulić schrieb überwiegend auf Lateinisch, aber auch auf Kroatisch (bzw. Čakaviš, das bis heute hauptsächlich an der Küste gesprochen wird) und Italienisch. Die auf Lateinisch verfassten Texte brachte er unter dem Namen **Marcus Marulus Spalatensis** heraus, was so viel bedeutet wie Marko Marulić aus Split. Sein auf Kroatisch verfasstes Epos »Judita« wurde in zahlreichen Auflagen herausgebracht. Sein Fokus war auf christliche und ethische Themen gerichtet. Marulić war auch Humanist und Philosoph. Es ist bemerkenswert, dass er in seinem Werk »Psichiologia de ratione animae humanae« als Erster das Wort Psychologie verwendete. Marulić übersetzte Dante und Petrarca ins Kroatische – wahrscheinlich mit größtem Enthusiasmus, da diese beiden Dichter aufgrund ihres humanistischen Denkens seine Vorbilder waren. Er unternahm Reisen nach Venedig und Rom, verbrachte ansonsten die meiste Zeit seines Lebens in Split.

Marko Marulić starb 1524 in seiner Heimatstadt. Im Europa des 16. und 17. Jh. erlangte er große Bekanntheit. Sein Schaffen wurde in mehrere Sprachen übersetzt, auch ins Englische und Französische.

Ein **Denkmal von Marulić** findet man heute selbstverständlich auch in Split, das seit 1925 auf dem Trg Braće Radić steht. Es ist eine Skulptur des Bildhauers **Ivan Meštrović**. Ein Marulić-Denkmal steht seit 2000 übrigens auch an der Brienner Straße in Berlin, aufgrund der 30-jährigen Städtepartnerschaft zwischen Berlin und Split.

Übernachten

① *Zentral, aber ruhig*
VILLA VAROŠ

Am westlichen Rand der Altstadt gelegen, gehört der Stadtteil Varoš, wo seit dem Mittelalter vor allem Arbeiter und Fischer lebten, zu den ältesten der Stadt. Davon zeugen noch heute die alten Steinhäuser. Die familiengeführte Unterkunft ist der ideale Ausgangspunkt für Stadtbesichtigungen. Die Zimmer sind ansprechend eingerichtet und bieten ein gutes Preis-Leistungs-Verhältnis. Das Angebot erstreckt sich vom Einzelzimmer bis zum Penthouse-Apartment.

Ulica Miljenka Smoje 1 | Tel. 0 99/2 15 95 38 | www.villavaros.hr | 6 Zimmer | €€

② *Komfort auf allen Ebenen*
JUDITA PALACE

Das Viersternehotel überzeugt auf ganzer Linie. Die Räumlichkeiten sind in einem restaurierten Palast aus dem 16. Jh. untergebracht, zentral am beliebten Narodni trg gelegen. Komfortabel und stilvoll eingerichtete Zimmer mit schalldichten Fenstern, eine Terrasse und ein hervorragendes Frühstück, ein umfassender, professioneller Service – das schöne Hotel wurde mehrfach mit Preisen ausgezeichnet.

Narodni trg 4 | Tel. 0 21/42 02 20 | www.juditapalace.com | 19 Zimmer | €€€€

③ *Vertraute und freundliche Atmosphäre*
HOTEL CONSUL

Das familiengeführte Dreisternehotel ist gemütlich und gastfreundlich. Vor wenigen Jahren wurde das Haus renoviert. Es liegt nördlich der Altstadt, die in 10 Min. Fußweg zu erreichen ist. Großzügige Zimmer und Bäder, mit Frühstück auf der Terrasse.

Tršćanska ulica 34 | Tel. 0 21/34 01 30 | www.hotel-consul.net | 15 Zimmer, 4 Apartments | €€

Essen und Trinken

④ *Dalmatinisch und kreativ*
CORTO MALTESE FREESTYLE FOOD

Diese stylishe Konoba liegt in der Nähe des Fischmarkts in der Altstadt. Das Lokal eröffnete 2014 und überzeugt mit einem innovativen Gastronomie-Konzept. Dalmatinische Traditionsgerichte werden in

kreativ abgewandelter Form serviert. Das hat sich durchgesetzt, denn das Corto Maltese ist gut besucht. Interessant sind die Kombinationen aus Fisch und Gemüse mit Obst, Käse und Gewürzen. Es gibt auch zahlreiche vegetarische Gerichte. Jede Speise wird frisch zubereitet und optisch attraktiv arrangiert. Kulinarisch besonders gelungen sind Seeteufel und Auberginencreme. Auf der kleinen Terrasse überzeugen der aufmerksame Service und das gute Weinangebot. Manchmal gibt es auch Livemusik.
Obrov ulica 7 | Tel. 0 21/58 72 01 | www.cortomaltese.rocks | tgl 8.30–24 Uhr | €€

5 ◄ MERIAN EMPFEHLUNG

Ⓢ *Zum Wohlfühlen*
BRUTAL BAR & KITCHEN
Hier passt alles. Der Service, die Atmosphäre, das Essen sowieso. Ob Fleisch, Fisch oder Vegetarisches – es ist immer hervorragend zubereitet, mit viel Gespür für gute Kombinationen. Ob Salate, Nudelgerichte, Lasagne, Risotto oder Burger. Empfehlenswert sind auch die Cocktails. Als Gast hat man Einblick in den Kochbereich und kann sich von der Frische der Zutaten überzeugen. Auch wenn das Lokal »brutal« heißt, die Stimmung und der Service sind herzlich.
Tončićeva ulica 2 | Tel. 0 91/5 42 72 29 | tgl. 12–24 Uhr | €€

Ⓖ *Wo Genuss und Ästhetik zusammengehören*
ZRNO SOLI
Das Essen im Zrno soli (Salzkorn) ist nicht nur köstlich, sondern auch noch wunderbar angerichtet. In diesem Restaurant verfolgt man definitiv das Prinzip »Das Auge isst mit«. Auch der Ausblick aufs Meer und die Marina hat besonders abends ihren eigenen Reiz. Die überschaubare Speisekarte hat ihren Fokus klar auf Fisch ausgerichtet. Die kalten und warmen Vorspeisen sowie der Risotto bieten köstliche Fischvariationen. Preislich ist dieses zauberhafte Restaurant eher höher angesiedelt, doch gerade Risotto- und Teiggerichte bewegen sich im bezahlbaren Rahmen. Unbedingt vorher reservieren, besonders am Wochenende.
Uvala Baluni 8 | Tel. 0 21/39 93 33 | www.zrnosoli.hr/en | Mo–So 12–23 Uhr | €€€€

Frei zugänglich ist das Kellergewölbe des Diokletian-Palasts mit seinen Verkaufsständen zwischen der Uferpromenade Riva und dem Peristyl.

Einkaufen

⑦ *Souvenirs mit Stil*
PALASTKELLER

Von der Südseite des Diokletian-Palasts gelangt man durch
das Bronzetor in die Kellergewölbe, ehemalige Lagerräume.
Heute finden hier Messen, Veranstaltungen und Kunstaus-
stellungen statt. In einem Teil
des Kellers gibt es eine schöne
Auswahl an Souvenirs. Bilder,
Handwerkskunst aus Bračer
Stein oder Schmuck in allen er-
denklichen Variationen.

Eingang von der Riva: Obala
Hrvatskog narodnog preporoda 22 |
Gewölbekeller 9–21 Uhr | Eintritt:
Teilbereich mit Verkaufsständen
frei, sonst 50 Kn

IM VORBEIGEHEN
ENTDECKT

⑧ *Music Shop*
DANCING BEAR

Viele laufen einfach an diesem Laden vorbei. Doch das
große Angebot an CDs und
Schallplatten lohnt sich. Vor
allem Freunde des Vinyls werden hier eine ganze Weile verbringen können. Es handelt
sich um Neuware, also kein
Secondhand! Das Angebot
umfasst kroatische, auch dalmatinische Klappa-Gruppen,
und internationale Künstler.

Dioklecijanova ulica 6 | Tel. 0 21/
34 43 09 | www.dancingbear.hr |
Juni–Sept. Mo–Fr 8.30–20.30, Sa
8.30–14, 15.30–20.30, So 9–14 Uhr

⑨ Galerie und Shop
JAMAN GALLERY

Danijel Jaman studierte an der Kunstakademie in Split und hat als Pop-Art-Künstler eine ganz eigene Art, sich auszudrücken. In kurzer Zeit hat er sich eine ansehnliche Fangemeinde aufgebaut. In seiner Galerie findet man Skulpturen, Bilder und Handyhüllen.

Ulica Pavla Subića 3 | Tel. 0 21/ 34 27 91 | www.jaman-art.com | Sommer Mo–So 9–23, Winter Mo–Fr 9–20, Sa 9–14 Uhr | Eintritt frei

Abendgestaltung

⑩ Hier bedienen Sommeliers
PARADOX WINE & CHEESE BAR

Eine immense Auswahl dalmatinischer bzw. kroatischer und internationaler Weine – doch diese Weinbar besticht nicht durch quantitatives Angebot, sondern durch Qualität. Die Käseplatten sind ebenfalls nicht zu vernachlässigen, die natürlich hervorragend zu den Weinen passen. Innerhalb weniger Jahre seit seiner Eröffnung hat es das Paradox zu internationaler Anerkennung gebracht und wurde von der »New York Times« empfoh-

len. In der Bar gibt es 40 Sitzplätze, auf der schönen Dachterrasse über 90. Regelmäßig kann man Livemusik hören.

Ulica bana Josipa Jelačića 3 | Tel. 0 21/78 77 78 | www.paradox.hr | tgl. 16–24 Uhr | €€€

⑪ Klassik, Ballett und Oper
NATIONALTHEATER (HRVATSKO NARODNO KAZALIŠTE)

Wer des Kroatischen nicht mächtig ist und keine Theatervorstellung besuchen möchte, kann in Split dennoch ins Nationaltheater gehen. Die Sprache steht bei klassischen Konzerten, Ballett oder einer Oper in dem 1893 gegründeten Theater nicht im Vordergrund.

Trg Gaje Bulata 1 | Tel. 0 21/30 69 08 | www.hnk-split.hr | Kasse: Mo–Fr 9–20, Sa 9–13 Uhr sowie 1,5 Std. vor Vorstellungsbeginn | Tickets von 70–150 Kn

Strände

⑫ Östlich des Zentrums
BAČVICE

Der populäre Sandstrand Bačvice liegt zentral, weshalb er besonders nachmittags und am Wochenende nicht selten überfüllt ist. Wer bereit ist,

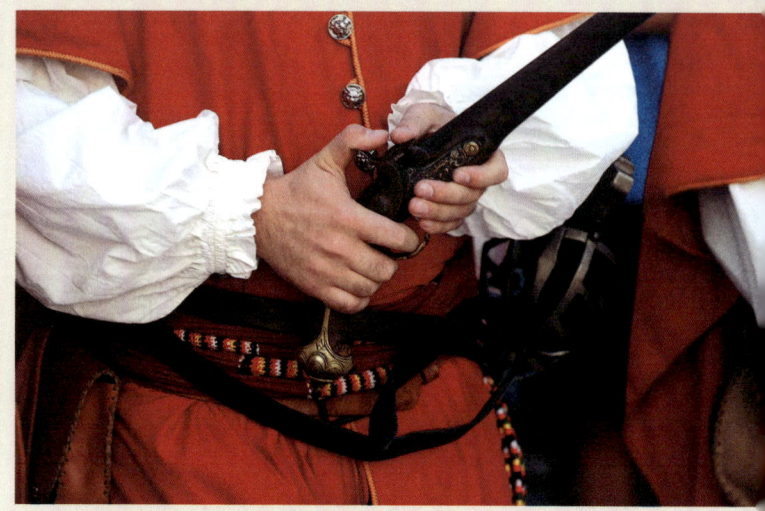

Jedes Jahr wird Mitte August eine Schlacht zwischen venezianischen Truppen und den Piraten von Omiš authentisch nachgestellt, die sich im 13. Jh. ereignet hat.

DIE PIRATEN VON OMIŠ

Gefahr auf See im Mittelalter

Viele Kinder lieben Piratengeschichten, und Hollywood hat bereits in den 1930er-Jahren Piraten zu beliebten Protagonisten gemacht. Die Geschichten sind verklärt mit einer gehörigen Prise heldenhafter Romantik. Im Laufe der Zeit sind Mythen und Klischees entstanden. Nur selten hatten sie eine Augenklappe oder ein Tuch auf dem Kopf. Und mit einem Holzbein wäre ein Pirat beim Angriff so nützlich gewesen wie der Papagei, den er auf der Schulter spazieren trug.

Im Küstenstädtchen **Omiš** haben die Piraten über Jahrhunderte Angst und Schrecken verbreitet. Angeführt wurden sie von der Adelsfamilie Kačić, die sich dort niedergelassen hatte. Die Handelsschiffe mit ihrer wertvollen Fracht mussten für die sichere Passage Tribut an die Kačićs bezahlen, was zunächst Kotor (Montenegro) und Dubrovnik taten. Das war jedoch erst der Anfang, denn die Piraterie nahm immer größere Ausmaße an. Schon bald waren die Piraten von Omiš gefürchtet. Tatsächlich waren sie auch geschickte Schiffsbauer. Ihre niedrig gebauten und flinken Holzschiffe nannte man *strijela* (Pfeil). Nach einer Plünderungsaktion machten sie sich auf den Weg in ihre Bucht, wo der **Fluss Cetina** ins Meer mündet. Diese Mündung hatten sie mit einer Unterwasserwand gesichert, deren Öffnungen an die Größe ihrer Schiffen angepasst waren und mit Ketten verschlossen werden konnte. Schiffe, die sie verfolgten, liefen hier auf Grund.

Die Beuteschiffe waren auf dem Weg nach Venedig, Dubrovnik oder Split. Selbst vor Angriffen auf die Papstgaleere schreckten die Piraten nicht zurück. Im Jahr 1221 initiierte Papst Honorius III. einen **Kreuzzug gegen die Omišer Piraten,** den diese jedoch gewannen. Erst bei einem weiteren Kreuzzug 65 Jahre später unterlagen sie. Nach dieser Niederlage verließ die Adelsfamilie Kačić den Ort. Sie verloren erheblich an Macht und Einfluss, nachdem sie sich 200 Jahre in Omiš durch Seeräuberei die Taschen gefüllt hatten. Aber die Zeit der Piraten war längst nicht vorbei. Erst Mitte des 15. Jahrhunderts, als die Omišer Venedig als waltende Autorität anerkannten, erlosch die Piratenära.

Doch wie kam es überhaupt dazu? Vor 1000 Jahren hatten die jungen Männer im Grunde nicht viel zu verlieren. Im Mittelalter betrug die Lebenserwartung 30 oder 35 Jahre, mit viel Glück vielleicht 40 Jahre. Die »einfachen« Piraten waren arm und lebten mit Frau und Kindern auf der Landzunge, wo die Cetina ins Meer mündet. Diese Straße entlang des Ufers heißt heute Obala gusara (Piratenufer). Die hygienischen Bedingungen waren katastrophal zu jener Zeit. Viele der Frauen starben früh, während oder nach den Geburten. Die Familien waren unterernährt. Was sie am Leben hielt, waren Fisch und etwas Gemüse. Wie in jeder verbrecherischen Gruppierung machten die Bosse und nicht die Handlanger den Reibach.

Omiš ist heute ein pittoreskes Städtchen. Die Cetina schlängelt sich durch gigantische Karstfelsen. Die Piraten errichteten die **Festung Peovica** (auch Mirabella genannt) auf einem hohen Felsen. Von hier aus spähten sie das Meer nach Schiffen aus. Im Jahr 1988 wurde sie vom Blitz getroffen und stark beschädigt. Man kann den steilen Weg hinaufsteigen, dann hat man einen wunderbaren Ausblick – wie damals die Piraten.

ein paar Kilometer zu fahren, der findet in der Umgebung einige schöne Kiesstrände. Mit glasklarem Wasser und (bis jetzt) keinem Massenandrang liegt Trstenik 2 km östlich der Innenstadt. 1 km weiter östlich Žnjan.

⑬ *Auf der grünen Oase*
MARJAN- HALBINSEL
Auf der Marjan-Halbinsel gibt es mehrere schöne Strände: Ježinac liegt östlich der Meštrović-Galerie, gleich daneben und weniger bekannt: Obojena. Im Südwesten heißt ein schöner Kiesstrand Kašjuni, nördlich liegt Bene.

Ausflug

⑭ *Ein paar Stunden in der Antike*
SALONA
Nur wenige Kilometer nördlich von Split liegen Solin und die Ruinen des antiken Salona. Wer nicht mit dem Auto fahren möchte, kann die Buslinie 1 nehmen, Abfahrt am Nationaltheater. Der Bus fährt in ca. 15 Min. zur Ausgrabungsstätte. Vor Ort erhält man bei der Touristeninformation eine Broschüre zur Besichtigung.

Auskunft: Solin, Ulica kralja Zvonimira 69 | Tel. 0 21/21 00 48 | www.solin-info.com

MAKARSKA G4

13 800 Einwohner
Makarska ist die »Hauptstadt« der **Makarska-Riviera.** Sie bezeichnet einen ca. 50 km langen Küstenstreifen, der von Brela im Norden bis Gradac, wo Süddalmatien beginnt, reicht. In Makarska nahm der Tourismus bereits Anfang des 19. Jh. seinen Lauf. Auch Brela, Baška Voda, Tučepi und Zaostrog sind sehr beliebte Urlaubsziele geworden. Entlang der Riviera reihen sich die Buchten mit attraktiven Kiesstränden und glasklarem Wasser aneinander. Auf einer Landzunge liegt der Strand **Punta Rata** in Brela, der von der Zeitschrift »Forbes« unter die Top Ten der schönsten Strände der Welt gewählt wurde. Nördlich des Strandes findet man den berühmten Felsen, den **Kamen Brela,** der zum Symbol für die kroatische Adria geworden ist (→ S. 41). Südlich von Makarska liegt **Tučepi,** mit über 3 km ist er der längste Strand an der Makarska-Riviera.

Die Stadt Makarska liegt am Fuß des Biokovo-Gebirges. Ein Spaziergang an der palmengesäumten Riva bietet mit Blick auf das Meer und die gigantischen Berge eine umwerfende Kulisse! Unterhalb des Naturparks Biokovo haben kleine Weiler und Dörfer überdauert, die noch viel traditionelle Substanz aufweisen. Auch wenn entlang der Riva mittlerweile der eine oder andere Hochbau entstanden ist, tut das dem Gesamtbild und Urlaubs-Feeling noch keinen Abbruch.

Sehenswertes

STADTPLATZ (KAČIĆEV TRG)

Der Name des Platzes Trg fra Andrije Kačića Miošića ist nicht leicht zu merken, weshalb er einfach **Kačićev trg** genannt wird. Kommt man vom Ufer und geht auf die Kirche zu, bietet sich durch das Biokovo-Gebirge im Hintergrund ein apartes Bild. Zunächst stößt man auf das **Denkmal von Andrija Kačić Miošić.** Der Franziskanermönch war in Dalmatien ab Mitte des 18. Jh. über mehrere Jahrzehnte der meistgelesene Dichter. Das Denkmal stammt von Ivan Rendić und wurde 1889 gefertigt. Der **Brunnen** zwischen Denkmal und Kirche im Stil des Barocks wurde 1775 aufgestellt, als Wasserleitungen verlegt wurden. Das Verbot, darin Wäsche zu waschen oder das Vieh zu tränken, ist im Brunnen eingemeißelt. Der Zugang zur Kirche führt über flache Stufen. Der Bau der Kirche begann Anfang des 18. Jh, doch sollte es bis 1766 dauern, bis sie geweiht wurde, da die Republik Venedig (unter dessen Herrschaft Dalmatien stand) nur zögerlich die Geldmittel zur Verfügung stellte. Die Kirche wird bis heute **Kathedrale (des Heiligen Markus)** genannt, weil sie bis 1828 Bischofssitz von Makarska war. Von innen besticht sie durch schlichte Schönheit.

STERNWARTE (ZVJEZDARNICA)

An klaren Abenden hat man die Gelegenheit, Mond, Mars und Jupiter näher zu betrachten. Die Sternwarte ist von hohen Kiefern eingerahmt, um störenden Lichteinfall zu unterbinden. Der sympathische Guide erklärt auf Englisch und auch für

Laien verständlich die Wissenschaft der Gestirne. Eine Gruppenführung mit rund zehn Personen dauert ca. 20 Min.

Glazbarska 1 | www.makarska-zvjezdarnica.com | Juni–Aug. Mo–Fr 21–23.30, Sept. Mo–Fr 20.30–22.30, sonst Do 20.30–22 Uhr, geschlossen bei Regen, Wind und Bewölkung | Eintritt 30 Kn, ermäßigt 15 Kn

LEUCHTTURM (SVJETIONIK)

Knapp 1 km westlich des Zentrums befindet sich der Leuchtturm Sveti Petar auf der gleichnamigen Halbinsel. Ein Spaziergang hierher lohnt weniger wegen des Leuchtturms, denn er ist an Feriengäste vermietet und deshalb nicht zugänglich. Vielmehr sollte man sich in die Reihe der Schaulustigen einsortieren und den wunderbaren Sonnenuntergang beobachten. In der Sól Lounge Bar kann man das sogar bei einem Cocktail tun. Die Bar hat bis zwei Uhr nachts geöffnet.

Šetalište svetog Petra | vom Hafen in westliche Richtung durch den Waldpark Sveti Petar

MUSCHELMUSEUM (MALAKOLOŠKI MUZEJ)

Die sehenswerte Spezialsammlung umfasst Muscheln, Schalentiere und Meeresschnecken. Über 3000 Exponate der Adria und aus der ganzen Welt. Seit 1963 gibt es das Museum im Franziskanerkloster, einem Kulturdenkmal, das für dieses Museum ein schönes Setting bietet.

Franjevački put 1 | Tel. 0 99/4 63 92 93 | www. malakoloski-muzej-makarska.eu | Sommer Mo–Sa 10–19, So 10–13 Uhr, sonst verkürzt | Eintritt 30 Kn, ermäßigt 15 Kn

Übernachten

Perfekte Lage
HOTEL MARITIMO

Zentrumsnah und gleichzeitig direkt am Strand liegt diese angenehme Unterkunft. Das Dreisternehotel bietet behagliche und neue Zimmer sowie einen zuvorkommenden Service. Wohl wegen der guten Lage liegt es preislich etwas höher. Es gibt Zimmer mit Meer- oder Gebirgsblick, mit und ohne Balkon.

Put Cvitačke 2a | Tel. 0 21/61 99 00 | www.hotel-maritimo.hr | 21 Zimmer + 1 Apartment | €€€

Von der Halbinsel Sveti Petar aus lässt sich der Sonnenuntergang besonders gut genie-ßen. Neben dem Leuchtturm liegt ein beliebter Badeplatz der Einwohner Makarskas.

Harmonisch
HOTEL OSEJAVA

Im Südteil des Hafens befindet sich das Viersternehotel. Moderne Zimmer und Bäder, Zimmer mit Meer- oder Parkblick. Von der Terrasse genießt man den Blick auf Makarska, Meer und Berge. Der Strand ist in der Nähe.

Šetalište dr. fra Jure Radića bb | Tel. 0 21/60 43 00 | www.osejava.com | 45 Zimmer, 5 Apartments | €€€€

Essen und Trinken

Wein & Snack
WINE BAR GRABOVAC

Kroatische Weine mit Käse, Oliven, Brot und dazu ein lauschiges Plätzchen am zentralen Hauptplatz der Stadt. Das fachmännische und nette Personal rundet den Besuch perfekt ab.

Trg fra Andrije Kačića Miošića 11 | tgl. 10–1 Uhr | €€

Herzhafte Fischgerichte
JEŽ

Das Restaurant ist auch bei Einheimischen sehr beliebt. Das Ambiente ist gepflegt, der Service engagiert. Sehr delikat und zu empfehlen sind die Muscheln, die Fischlasagne oder die Jež-Platte mit Wildfang. Ebenfalls der Erwähnung wert sind die schön angerichteten Desserts.

Petra Krešimira IV 90 | Tel. 0 21/61 17 41 | tgl. 12–24 Uhr | €€€

Auf der Insel Brač liegt der Ort Bol mit schönen Stränden. Von oben hat man einen guten Blick auf das Dominikanerkloster (s. S. 131). Im Hintergrund die Insel Hvar.

Die Inseln

BRAČ F4

14 000 Einwohner

Brač ist mit knapp 400 km² die größte Insel Dalmatiens und sehr vielseitig. Die Touristenorte sind **Supetar** im Norden und **Bol** im Süden. Doch auch die kleineren Ortschaften lohnen einen Besuch. Der Insel ist es gelungen, sich ihren authentisch-ländlichen Charme zu bewahren. Seit Jahrhunderten wird der weiße **Kalkstein aus Brač** für Monumente und Prachtbauten in aller Welt verwendet. Für den Diokletian-Palast in Split, das Weiße Haus in Washington, den Reichstag in Berlin, die Parlamentsgebäude in Wien und Budapest … Noch heute ist der Abbau neben Land- und Weidewirtschaft eine der wichtigsten Einnahmequellen. Auf den Kräuterwiesen im rar besiedelten Bergland grasen Schafe, aus deren Milch der höchstbegehrte **Bračer Käse** hergestellt wird. Die Hälfte der bewirtschafteten Fläche nehmen Olivenbäume ein, ein Viertel Weinberge. Nicht zuletzt sind Tourismus und Fischfang wichtige Wirtschaftsfaktoren. Das milde Klima sorgt außerdem dafür, dass Mandarinen, Kirschen, Mandeln, Kiwis und Feigen prächtig gedeihen.

Orte auf Brač

SUPETAR F3/4

3200 Einwohner

Der Ort mit der höchsten Einwohnerzahl ist auch das Verwaltungszentrum, trägt jedoch nicht denselben Namen wie die Insel, was selten der Fall ist. Supetar ist außerdem Fährhafen, Kultur- und Touristenzentrum. Dominiert wird der Inselteil von der **Kirche des Heiligen Petrus** (Sv. Petra).

Sehenswertes

PETRINOVIĆ-MAUSOLEUM
(MAUZOLEJ PETRINOVIĆ)

Eindrucksvoll, pompös und vielleicht etwas überfrachtet ... Viele Adjektive könnten auf das Mausoleum zutreffen. Es befindet sich auf dem Friedhof Sveti Nikola, auf der Landzunge nördlich des Zentrums. Der Spliter Bildhauer **Toma Rosandić** (1878–1958) gestaltete das Mausoleum 1914 für die wohlhabende Familie Petrinović. Es ist opulent mit orientalischen und byzantinischen Elementen geschmückt. Eigentlich hätte der Bildhauer Ivan Rendić den Auftrag bekommen sollen, doch Familie Petrinović überlegte es sich anders und engagierte schließlich Rosandić. Auch wenn er offensichtlich ein talentierter Künstler war, ist er nicht sonderlich bekannt.

Punta ulica 13, Friedhof Sveti Nikola | tgl. 0–24 Uhr

GALERIE IVAN RENDIĆ
(GALERIJA IVAN RENDIĆ)

Es ist keine Seltenheit, dass Künstler erst nach ihrem Tod zu Ruhm und Ehre gelangen. Das außergewöhnliche Talent **Ivan Rendić** (1849–1932) bekam zu Lebzeiten nicht immer die Anerkennung, die er als Künstler verdient hätte. Seine größte Enttäuschung als Künstler war vermutlich das Entziehen des Auftrags für das Mausoleum Petrinović (siehe oben). Auf dem Friedhof in Supetar finden sich einige von Rendićs Werken. In mehreren kroatischen Städten und in Italien sind seine Werke zu sehen, Denkmäler, Grabdenkmäler und Mausoleen. In der kleinen Galerie, die Teil der Staatsbibliothek ist, werden 20 Skulpturen, 50 Projekte und Skizzen von Rendić ausgestellt.

Ulica Ignjata Joba 7 | Tel. 021/630033 | www.knjiznicasupetar.hr | Mo, Mi, Fr 14.30–19.30, Di, Do, Sa 8.30–13.30 Uhr | Eintritt frei

Übernachten

Vielfältig
WATERMAN SVPETRVS RESORT

Der Hotelkomplex liegt im Nordwesten von Supetar. Der nächste Strand ist wenige Gehminuten entfernt. Es gibt ein breites Spektrum an Wellness- und Sportangeboten. Neben Einzel- und Doppelzimmern gibt es auch Suiten, Apartments und Bungalows.

Put Vele Luke 4 | Tel. 021/640253 | www.watermanresorts.com | 420 Zimmer | €€€€

Preiswert und gut gelegen
PANSION PALUTE

Diese Familienpension wird seit vielen Jahren mit Herzlichkeit und Engagement geführt. Die Zimmer sind sauber und zweckmäßig, z. B. mit Airconditioning, ausgestattet. Ruhig am Ortsrand gelegen, der nächste Strand zum Baden ist nur etwa 300 m entfernt.

Put Pašika 16 | Tel. 021/631541 | 13 Zimmer | €

Essen und Trinken

Zum Verweilen
PUB BEER GARDEN

Bestes Fast Food, mit klasse Burgern und kroatischem Bier im Angebot mit gemischtem Publikum. Die gute Musik und gemütliche Atmosphäre (ob drinnen oder draußen) lassen die Gäste nicht selten etwas länger bleiben. Das Lokal liegt zentral, dennoch ruhig.

Ulica Petra Jakšića 1 | Tel. 095/556 7225 | tgl. 10–2 Uhr | €€

Fisch & Fleisch
KONOBA VINOTOKA

Diese beliebte Konoba liegt mitten in der Altstadt. Vor allem Fisch und Meeresfrüchte sind gekonnt zubereitet. Aber auch die Fleischgerichte sind empfehlenswert. Die traditionellen Rezepte ohne moderne Abweichungen kommen bei den Gästen gut an. Gemütlich sitzt es sich auf der Terrasse.

Ulica Ignjata Joba 6 | Tel. 021/ 630969 | Sommer 12–23, sonst 15–23 Uhr | €€

Der Ort Škrip ist selbst wie ein Museum. Dazu erzählt im Radojkovič-Turm, dessen Fundamente auf 1500 v. Chr. zurückgehen, ein Museum die Geschichte der Insel Brač.

ŠKRIP F4

170 Einwohner

Nur 10 km südöstlich von Supetar liegt der älteste Ort der Insel. Ein Spaziergang durch Škrip ist wie eine Reise in die Vergangenheit. Das Dorf ist mit seinen alten Steinhäusern und der ländlichen Atmosphäre ursprünglich geblieben. Hier und da mischen sich auch neue Häuser in das Bild. Einige Einwohner vermieten Apartments an Gäste. Wer den Charme des alten Škrip also länger genießen möchte, kann das auf diese Weise tun.

Sehenswertes

MUSEUM DER INSEL BRAČ
(MUZEJ OTOKA BRAČA)

Das kleine Dorf repräsentiert die alte Geschichte von Brač. Wohl deshalb ist hier das Museum der Insel Brač zu finden, mit Exponaten aller Siedlungsepochen der Insel, aus der Stein- und Bronzezeit, der römischen und altkroatischen Kultur. Eine ethnografische Sammlung veranschaulicht das Leben wohlhabender Familien und einfacher Bauern früherer Zeiten. Ausgestellt sind u. a. Möbelstücke und Werkzeuge, außerdem Objekte aus dem in Steinbrüchen gewonnenen Marmor. Das Museum wurde im Radojkovič-Turm untergebracht, der im 16. Jh. auf einem römischen Mausoleum errichtet wurde.

Pjaca 17 | tgl. 9–19 Uhr | Eintritt 20 Kn, ermäßigt 10 Kn

OLIVENÖL-MUSEUM (MUZEJ UJA)

Man sollte Škrip nicht verlassen, ohne dieses Museum besucht zu haben. Es wird leidenschaftlich von privater Hand geführt. Man lernt etwas über den Produktionsprozess und die Lagerung des kostbaren Öls. Ausgestellt sind z. B. Olivenpresse, Olivenmühle und Werkzeuge. Angeboten werden Menüs, die natürlich in Verbindung mit Oliven(-öl) stehen.

Put ploča 5 | Tel. 0 95/8 11 46 43 | www.muzejuja.com | Sommer tgl. 9–20 Uhr | Eintritt 15 Kn, mit Verköstigung 30 Kn

PUČIŠĆA F4

1500 Einwohner

Der Ort befindet sich im Norden der Insel, jeweils gute 20 km von Supetar oder Bol entfernt. Elegante und schmucke Häuser, gebaut aus Bračer Stein, so weit das Auge blickt. Dass die Steinbrüche dem Ort Wohlstand gebracht haben, ist unübersehbar. Weit über Kroatien hinaus wurden Paläste, Kirchen und Parlamente aus dem kostbaren Stein errichtet. Juraj Dalmatinac und Nikola Firentinac schufen ihre Meisterwerke aus Bračer Stein.

An der Nordseite der Bucht hat die 1906 gegründete **Steinmetzschule (Klesarska škola)** ihren Standort. Ein Besuch dieser Ausbildungsstätte ist zweifellos interessant und gibt einen Einblick über die Arbeit der Steinmetze. Wer die Steinmetzschule besuchen möchte, wendet sich an den Tourismusverband in Supetar (Ulica Strančica 3) oder in Bol (Ulica Vladimira Nazora 5). Es gibt auch den Tourismusverband vor Ort (Trg Hrvatskoga skupa 1), der allerdings nur begrenzte Öffnungszeiten hat (Juli–Sept. 8–12, 17.30–20.30 Uhr). Ein Spontanbesuch ist nicht empfehlenswert, da die Schule nur an bestimmten Tagen und Uhrzeiten Führungen anbietet.

Klesarska škola | Novo Riva 4 | Tel. 0 21/63 31 14 | www.ss-klesarska-pucisca.skole.hr | Eintritt 25 Kn

BOL F4

1600 Einwohner

Bol ist eine der ältesten Siedlungen der Insel und war bereits Ende des 3. Jt. v. Chr. bewohnt. Die bekannteste Attraktion ist der Strand Zlatni rat (Goldenes Horn), der regelmäßig in der Presse als einer der schönsten Strände der Welt geehrt wird.

Sehenswertes

MUSEUM IM DOMINIKANERKLOSTER (MUZEJ DOMINIKANSKOG SAMOSTANA)

Das Kloster liegt etwas außerhalb des Zentrums. Erbaut wurde es 1475. Im Museum sind Funde aus der frühen Besiedlungs-periode der Insel ausgestellt. Außerdem altkroatische Schrift-steine, Manuskripte, wertvolle Bücher, Münzen, Mess- und Gesangsbücher. Sehenswert sind auch die meeresarchäologischen Funde und ein Gemälde von Tintoretto aus dem Jahr 1563.

Šetalište Anđelka Rabadana 4 | Tel. 0 21/64 20 29 | Sommer tgl. 9–18 Uhr | Eintritt 15 Kn

Übernachten

Wellness & Fitness
BRETANIDE

Dieses Viersternehotel emp-fiehlt sich für Urlauber, die aktiv sein möchten. Sowohl der Wellnessbereich als auch die sportlichen Angebote las-sen kaum noch Wünsche of-fen. Es ist direkt am Strand gelegen. Die Buchung schließt dabei mehrere All-inclusive-Leistungen mit ein.

Put Zlatnog rata 50 | Tel. 0 21/74 01 40 | www.bretanide.com | 260 Zimmer und 27 Suiten | €€€€

Essen und Trinken

Zünftig
RANČ

Dieses Restaurant strebt nicht nach Gourmetsternen, über-zeugt aber durch kulinarische Leistungen und eine angeneh-me Atmosphäre. Passt ja auch zum Namen Ranč, die kroati-sierte Form vom englischen »Ranch«. Das Angebot um-fasst Fisch- und Fleischgerich-te vom Grill und herzhafte Suppen. Delikate traditionelle Gerichte, bei denen Hummer, Langusten oder Tintenfisch im

Superlative: Hinter Bol ragt der höchste Berg der kroatischen Inseln empor, einer der berühmtesten Strände liegt nah – Bol ist einer der beliebtesten Orte Dalmatiens.

Vordergrund stehen. Alle Portionen sind großzügig bemessen. Es gibt Weine aus der Region. Die weite Terrasse ist an Sommerabenden gut besucht. Eine Reservierung ist daher empfehlenswert.

Ulica Hrvatskih Domobrana 23 | Tel. 0 21/63 56 35 | tgl. 18–23.30 Uhr | €€–€€€

Strände

MERIAN TOP 10

GOLDENES HORN (ZLATNI RAT)

Der wohl berühmteste Strand Dalmatiens liegt knapp 2 km westlich des Ortszentrums von Bol. Sein Name leitet sich von der hornähnlichen Form und den beinahe goldfarbe-nen Kieselsteinen ab. Im Gegensatz zu vielen anderen Stränden Dalmatiens, die aus grobem Kies oder gerundeten Steinen bestehen, beeindruckt der Zlatni rat durch feinen Kies. Über 400 m ragt die schmale Landzunge ins Meer. Je nach Meeresströmung wandert sie abwechselnd mal nach Westen oder Osten und wird zu einer Sichel. Das hat Zlatni rat hohe Popularität eingebracht. In der hochsommerlichen Badesaison herrscht hier viel Betrieb. Die Zahl der schattigen Plätze unter den Kieferbäumen ist begrenzt. Hier gibt es auch Kioske und Serviceeinrichtungen. Die Hotelanlagen liegen in der Nähe und sind zu Fuß zu erreichen.

HVAR E4–G4

11 000 Einwohner

Die fast 300 km² große Insel wird häufig auch Sonnen- oder Lavendelinsel genannt, weil sich der Lavendel über große Areale der Insel erstreckt. Aber auch Salbei, Thymian, Rosmarin und andere mediterrane Kräuter gedeihen prächtig auf Hvar. Wer auf diese Insel kommt, wird von Palmen, Zypressen und Oleander empfangen. Auch den Reben kommen Hvars Sonnenstunden zugute, ebenso Zitrusfrüchten, Feigen- und Olivenbäumen. Regen ist während der Sommermonate eine Seltenheit. Mit über 2700 Sonnenstunden pro Jahr kann sich die Insel rühmen. Der Tourismus auf der Insel begann bereits Mitte des 19. Jh. Bei Monarchen und Hollywoodstars galt Hvar Anfang der 2000er-Jahre als Geheimtipp, was es heute keinesfalls mehr ist. Immer wieder taucht Hvar weltweit in Empfehlungslisten als eine der schönsten Inseln der Welt auf. Das alles hat die Preise in die Höhe schießen lassen, besonders in der **Stadt Hvar.** Dabei ist es **Stari Grad,** das den historischen Kern bildet. Hier gründeten die Griechen im 4. Jh. v. Chr. ihre Kolonie Pharos. In der Stadt Hvar findet man kulturelle Sehenswürdigkeiten und das Nachtleben. Aber es gibt auf der Insel auch Ortschaften, die mit den quirligen Touristenzentren Hvar und Stari Grad nichts gemein haben. Überall sind attraktive Strände, die man meist nur vormittags ohne Andrang erleben kann.

Orte auf Hvar

STADT (GRAD) HVAR E/F4

3700 Einwohner

Eine der beliebtesten und kostspieligsten Destinationen Kroatiens ist Hvar auf der gleichnamigen Insel. Die Schönen und Reichen aus der ganzen Welt verbringen hier ihren Urlaub, weshalb man im Hafen die exklusivsten Jachten sichtet und die Stadt mit einem großen Angebot an Nachtleben aufwartet. Doch versprüht Hvar auch Atmosphäre vergangener Zeiten, mit dem historischen Stadtkern und sehenswerter Architektur. Der Archipel **Pakleni otoci** liegt nur einen Ausflug entfernt.

Sehenswertes

 MERIAN TOP 10

HAUPTPLATZ (TRG SVETOG STJEPANA)

Stilvolle Fassaden und glänzende Pflastersteine, die 1780 verlegt wurden – mit einer Größe von 4500 m² ist er der größte Stadtplatz Dalmatiens. Ursprünglich befand sich hier noch die Bucht, das Ufer reichte bis zur heutigen Kathedrale. Im 15. Jh. wurde mit dem Bau der Kathedrale begonnen, so nahm der Hauptplatz allmählich Gestalt an. Der Brunnen stammt aus dem Jahr 1520. In früheren Zeiten war der Platz viel größer, und es gab prächtige Gärten. Doch wegen vermehrter Zuwanderung wurden immer mehr Häuser errichtet.

STADTLOGGIA (GRADSKA LOŽA)

Anfang des 14. Jh. wurde hinter der Loggia der Rektorenpalast mit vier Türmen errichtet. 1571 brannten ihn die Osmanen nieder. 100 Jahre später wurde an derselben Stelle ein neuer Palast errichtet. Bis zum Niedergang der Republik Venedig 1797 wohnten hier die Rektoren und Stadträte, das Gebäude war Verwaltungs- und Justizzentrum, einer der Türme der Kerker. Anfang des 20. Jh. wurde der Rektorenpalast abgerissen. Heute steht hier das Hotel Palace Elisabeth. Die Loggia wurde zwischen 1515 und 1517 erbaut, auch sie fiel dem Brand zum Opfer, wurde jedoch wiederaufgebaut. Ihr heutiges Erscheinungsbild erhielt sie Anfang des 17. Jh. Im 19. Jh. diente die Loggia als Hotelcafé und Tanzsaal.

Ecke Trg svetog Stjepana und Ulica Sveti Marak

ARSENAL

1292 bis 1331 wurde bereits ein Arsenal von den Venezianern als Lagerhalle errichtet. In der ersten Hälfte des 16. Jh. kam es zu einem Neubau, der beim Überfall der Osmanen 1571 zerstört wurde. 1611 wurde das neu errichtete Gebäude durch Fürst Pietro Semitecolo fertiggestellt und bekam sein heutiges Aussehen. Semitecolo gründet im Arsenal das **erste Volks-**

Weit reicht der Blick von der Festung Španjola über den Hafen von Hvar und die vorgelagerten Inseln. Auch der Kerker der Zitadelle kann besichtigt werden.

theater Europas, das dem einfachen Volk ebenso offen stehen sollte wie privilegierten Kreisen. Für die damalige Zeit war das revolutionär, beim Adel sorgte es zumindest für Irritation. Zuschauerraum samt Logen entstanden 1803, während der nächsten 100 Jahre wurde restauriert und renoviert. Heute ist im Arsenal die **Galerie zeitgenössischer Kunst** untergebracht. Kroz Burak 2 (am Anfang der Riva) | Tel. 0 21/74 10 09 | Sommer 9–13, 17–23, sonst 9–13 Uhr | Eintritt 50 Kn

KATHEDRALE DES HEILIGEN STEPHAN (KATEDRALA SVETOG STJEPANA)

Wann genau der Bau der Kathedrale erstmals beendet war, ist nicht eindeutig geklärt. Erwähnt wurde sie bereits in den 1320er-Jahren. Während ihres Bestehens wurde sie zerstört, wiederaufgebaut und ergänzt. Vermutlich war sie ursprünglich die Kirche des Benediktinerklosters und wurde im 13. Jh. zur Kathedrale, als der Bischofssitz von Stari Grad nach Grad Hvar verlegt worden war. Die Osmanen steckten sie im 16. Jh. in Brand. Im 17. Jh. wurde der Wiederaufbau fertiggestellt, der Glockenturm ist noch aus dem 16. Jh. Im Inneren der dreischiffigen Basilika sieht man u. a. Altare aus dem 17. Jh. und Werke venezianischer Künstler. Trg svetog Stjepana | tgl. 9–12, 16–18 Uhr | Eintritt 10 Kn

MUSEUM IM FRANZISKANERKLOSTER (MUZEJ FRANJEVAČKOG SAMOSTANA)

Ausgestellt sind antike Inschriften, Amphoren und eine mechanische Standuhr aus dem 15. Jh. Eine Kostbarkeit ist ein Ptolemäischer Atlas aus dem Jahr 1524. Nicht minder sehenswert: die Darstellung des letzen Abendmahls von Matej Pončun sowie die 300 Jahre alte Zypresse im Innenhof des Klosters.

Šetalište put križa 15 | Tel. 021/741193 | tgl. 9–12, 17–19 Uhr | Eintritt 30 Kn

FESTUNG ŠPANJOLA (TVRĐAVA ŠPANJOLA)

Zunächst nannte man sie Fortica (und teilweise heute noch), weil bereits 1282 die Venezianer an dieser Stelle eine Festung errichten ließen. Die heutige Festung wurde 1551 fertiggestellt. Den Namen Španjola bekam sie, weil im 14. Jh. spanische Baumeister an ihrer Errichtung beteiligt waren. Vom Hauptplatz führen Treppen nach oben. Von hier aus hat man einen weiten Blick auf die Hafenbucht und die vorgelagerten Inseln. Auch die nahe gelegenen Reste der Verteidigungsmauern von Hvar sind zu sehen. Noch weiter oberhalb befindet sich eine Festung, die Anfang des 19. Jh. von den Franzosen erbaute wurde. Sie ist jedoch nicht für die Öffentlichkeit zugänglich.

Ulica Biskupa Jurja Dubokovića | Tel. 021/718336 | tgl. 9–21 Uhr | Eintritt 50 Kn, ermäßigt 25 Kn

Übernachten

Ambiente und Historie
PALACE ELISABETH

Beliebt ist das Fünfsternehaus seit Langem wegen seiner zentralen Lage und des professionellen Service. Das traditionsreiche Hotel wurde 2019 renoviert. Die geschmackvollen Zimmer sind in verschiedenen Kategorien verfügbar, auch hat man die Auswahl zwischen Park- und Meerblick sowie mit oder ohne Balkon. Pool und Spa sind Bestandteil des Hotels. Von der Restaurantterrasse hat man einen schönen Blick auf den Hafen. Trotz der gehobenen Preisklasse sind die Zimmer häufig ausgebucht, eine rechtzeitige Reservierung ist notwendig.

Trg svetog Stjepana 5 | Tel. 021/750400 | www.suncanihvar.com | 45 Zimmer + Suiten | €€€€

Nett und günstig
APARTMENTS PERA HVAR

Für Selbstversorger ist diese Adresse empfehlenswert. In 10 Min. Gehzeit hat man die Altstadt erreicht. Die Wohnungen sind hell und sauber, die Küche ist bestens ausgestattet, auch ein kleiner Balkon gehört dazu. Hervorragendes Preis-Leistungs-Verhältnis, insbesondere für Hvar!

Braće Božitković 2 | Tel. 0 95/8 94 77 36 | https://apartments-pera-hvar.business.site | 6 Apartments | €€

Essen und Trinken

Fisch, Fleisch, Veganes
LUCULLUS

Das Restaurant gehört zum Familienhotel Villa Nora und liegt nördlich des Hauptplatzes. Lucullus gehört zu den beliebtesten Restaurants bei regelmäßigen Hvar-Urlaubern. Tadellose Fisch- und Fleischgerichte, auch vegane und glutenfreie Speisen gibt es, dazu mediterrane Atmosphäre und professionellen Service. Reservierung empfohlen!

Petra Hektorovića 3 | Tel. 0 92/3 55 36 40 | www.villanora.eu | tgl. 15–24 Uhr | €€€

Abendgestaltung

Gute Stimmung
KIVA BAR

In dieser Seitengasse geht es turbulent zu. Die Kiva Bar ist bei Einheimischen wie Touristen sehr beliebt. Das liegt nicht zuletzt daran, dass hier die gute Stimmung an erster Stelle steht – und nicht das Sehen und Gesehenwerden.

Fabrika 26 | tgl. 21–2.30 Uhr | €€

Ausflüge

Naturphänomen
DIE ROTEN FELSEN (CRVENE STIJENE)

Rund 14 km östlich von der Stadt Hvar findet man die Crvene stijene, die roten Felsen, die steil ins Meer hinabfallen. Hier kann man in kristallklarem Wasser baden und schnorcheln. Angenehm ist, dass noch nicht viele Touristen über das Naturschauspiel Bescheid wissen. Bis jetzt herrscht hier kein Massenansturm. Zu finden sind die Felsen zwischen Zaraće und Sveta Nedilja. Schön ist die Fahrt hierher mit dem Miet- oder Taxiboot.

Taxiboot: im Hafen der Stadt Hvar; Mietboot: verschiedene Boote und Preise unter www.hvarboats.com

Der Pakleni-Archipel vor Hvar ist zum Segeln, Tauchen und mit vielen schönen Stränden für große und kleine Entdecker als Tagesausflug wunderbar geeignet.

Traumhafter Archipel
PAKLENI OTOCI

Wer diesem Archipel schon mal so nahe ist, sollte einen Ausflug zumindest in Erwägung ziehen. Es wäre wirklich schade, Hvar zu verlassen, ohne die Pakleni-Inseln erlebt zu haben. Genau genommen heißen die Inseln *Paklinski otoci*, hergeleitet von *paklina,* dem Kiefernharz, das im Schiffsbau zum Abdichten der Planken verwendet wurde. Deshalb ging man dazu über, den Archipel *Pakleni otoci* zu nennen (vom Nomen *pakao* abgeleitetes Adjektiv *pakleni*), was »höllische Inseln« bzw. »Hölleninseln« bedeutet. So kam der paradiesische Archipel zu seinem höllischen Namen.

Mehr als 20 Inseln und Felsen liegen vor Hvar. Sie sind üppig bewaldet und erstrecken sich über das tiefblaue, glasklare Meer. Man kann in kleinen versteckten Buchten und an felsigen Stränden baden, während der Saison sind mehrere Restaurants auf dem Archipel geöffnet. Am schönsten ist es, wenn man mit einem geliehenen Boot die Buchten ansteuert. Man kann auch an einer organisierten Tour teilnehmen. Mietboot: verschiedene Boote und Preise unter www.hvarboats.com; Tour: Bei einer Tagestour werden mehrere Inseln angefahren, mit unterschiedlich langen Aufenthalten, teils mit Lunch und Picknickangebot unter www.hvartours.com und www.hvarboatexcursion.com

MALO GRABLJE F4

Fernab des Jetsets und der Touristenströme liegt das verlassene Dorf Malo Grablje. Mitte der 1960er-Jahre haben die Bewohner ihr Zuhause aufgegeben und sich in Milna niedergelassen. Malo Grablje war zu jener Zeit ein kleines Dorf und hatte immerhin eine Mühle, ein Schulhaus und eine Kirche. Schuld am Weggang der Menschen war die Reblaus. Die 23 Familien lebten vom Weinanbau, doch innerhalb kurzer Zeit war ihre Existenzgrundlage zerstört. Einige der Häuser sind heute heruntergekommen, andere noch in erstaunlich gutem Zustand. Es muss viel Mut erfordert haben, in diesem Geisterdorf eine **Konoba** zu eröffnen. Doch der wurde belohnt. Der Wirt des Stori komin (dalm. für alter Kamin) betreibt erfolgreich im Geburtshaus seines Vaters eine Konoba mit besten dalmatinischen Spezialitäten.

Malo Grablje 16 | von Hvar auf der D116 in Richtung Milna, nach ca. 5 km Beschilderung links Richtung Malo Grablje (Schotterstraße) | Tel. 0 91/5 27 64 08 | Sommer tgl. 16–23 Uhr| €€–€€€

STARI GRAD F4

1900 Einwohner

Den historischen Kern bildet Stari Grad (alte Stadt). Hier gründeten die Griechen im 4. Jh. v. Chr. ihre Kolonie Pharos. Das pittoreske Städtchen ist der ideale Ausgangspunkt für die Erkundung der historischen **Ebene von Stari Grad.**

Sehenswertes

TRG ŠKOR

Stari Grad wirkt beinahe wie ein Rückzugsort, jedenfalls im Vergleich zur Stadt Hvar. Tatsächlich ist der malerisch in einer Bucht gelegene Ort das zweite Zuhause vieler Künstler. Die charmanten Gassen und Steinhäuser bieten ein Ambiente vergangener Zeiten. Besonders ein Platz ist dabei hervorzuheben, der im Sommer zur Kulisse verschiedener Kulturveranstaltungen wird: Trg Škor. Früher war es der Standort einer Werft, woher der Platz auch seinen Namen hat (dalm. *škver* für Werft).

Wie Hvar zur Lavendelinsel wurde

Im 18. und 19. Jahrhundert lebten die Landwirte auf Hvar von Oliven, Weinanbau und Honig. Wenn man nicht Fischer war, empfand man das Leben am Meer als unnütz. Das karge Land gab nichts her. Während jener Zeit erlangte **Hvar** einen gewissen Bekanntheitsgrad durch Rosmarin. Im Dorf **Velo Grablje** lebten die Menschen in den 1920er-Jahren genügsam, bestellten ihr Land und hielten sich hier und da ein paar Lavendelbüsche zur Zierde in den Gärten. Ein idyllischer Ort, der seinen Namen den dichten Hainbuchen *(grab)* verdankt, von denen er umgeben war. Die Stimmung im Herbst 1928 war schlecht. Große Sorge über die Zukunft machte sich im Dorf breit, weil eine Reblaus die Weinberge zerstört hatte.

Bartol Tomičić machte sich auf den Weg zu einem Vortrag, den die Genossenschaft der Landwirte organisiert hatte. Dabei ging es um **Lavendelanbau.** Tomičić war der Einzige, der diese Idee gut fand. Später erzählte man sich, er sei fröhlich nach Hause gekommen, fest entschlossen, Lavendel anzubauen. Das tat er auch. Die Dorfbewohner hielten ihn für übergeschnappt. Man schüttelte den Kopf und belächelte ihn. Lavendel anbauen! Was für ein Blödsinn … Der 59-Jährige ließ sich nicht beirren. Es dauerte drei Jahre, bis er die Früchte seiner Arbeit ernten konnte. Im Ofen, der früher zur Rosmarindestillation gedient hatte, destillierte er nun Lavendel. Das Öl füllte er in Fläschchen und verkaufte sie am Hafen an einem Stand. Er hatte keinerlei Probleme, seine Ware loszuwerden, und verdiente damit viel Geld. Die Nachbarn hörten auf, ihn für verrückt zu halten, machten es ihm nach und verdienten ebenfalls viel Geld. In den darauffolgenden Jahrzehnten war das Dorf Velo Grablje von duftenden Lavendelfeldern umgeben. Esel transportierten das kostbare Gut auf ihren Rücken, das ganze Dorf war nur noch mit Lavendelanbau beschäftigt. Auf Hvar nannte man Velo Grablje nun »das Dorf der Milliardäre« (man bedenke, dass es sich um Dinar handelte). In den 1950er-

Die Küste von Hvar ist natürlich umwerfend, fast noch schöner ist das Landesinnere, wenn von Ende Mai bis Anfang Juli der Lavendel blüht.

Jahren verdingten sich Studenten während der Semesterferien bei der Lavendelernte und bekamen dafür einen damals durchschnittlichen Jahreslohn! Der Lavendel von Hvar wurde mittlerweile in viele Länder exportiert. Zu jener Zeit lebten in Velo Grablje 60 Familien. Pro Familie wurden mindestens 100 Liter Öl produziert, manche schafften bis zu 300 Liter.

Bis heute gibt es auf Hvar mehrere Plantagen und engagierte Lavendelbauern. Die Erfolgsstory von Velo Grablje hörte Ende der 1980er-Jahre auf, aus mehreren Gründen. Das sozialistische **Tito-Regime** erlaubte (im Gegensatz zu anderen kommunistischen Ländern) Kleinbetriebe und Selbstständigkeit, duldete aber keine Klassenunterschiede und die Anhäufung von Reichtum. Deshalb ließ sie den Marktwert sinken. Hinzu kamen mehrere Brände, Lavendel ist leicht brennbar. Dann fing der Tourismus an. Die Jüngeren zogen nach Stari Grad oder Hvar-Stadt bzw. in die Häuser an der Küste, die ihre reich gewordenen Eltern gekauft hatten. Viele von ihnen fassten Fuß im Tourismus. Heute hat Velo Grablje sieben Einwohner, einer davon ist der gleichnamige Enkel des Visionärs, der in die Fußstapfen seines Großvaters getreten ist. Ende Juni findet zwei Tage lang in Velo Grablje das **Festival Levande** statt. Zum Gedenken an Bartul Tomičić (1869–1953) wurde an seinem Haus eine Tafel angebracht, auf der er als erster Lavendelbauer geehrt wird.

PALAST TVRDALJ

Die berühmteste Sehenswürdigkeit von Stari Grad wurde vom Dichter **Petar Hektorović** (1487–1572) errichtet. Der Sohn der Insel ist einer der berühmtesten Dichter Kroatiens. Das Schreiben und der Palast waren seine Lebensthemen, denen er sich gleichermaßen und stets mit Hingabe gewidmet hat. Mit dem Palast wollte er auch Schutzbedürftigen ein Obdach bieten – den Opfern der einfallenden Osmanen, den Armen und den Tieren. Im Innenhof wurde ein üppiger Garten angelegt, mit Palmen und verschiedenen Südfrüchten. Hektorović hatte eine Passion zu Fischen, was sich auch in seinem künstlerischen Werk widerspiegelt. In dem Salzwasserbassin des Innenhofs tummeln sich Meeräschen. Es wird von einer Steinveranda mit Rundbogen eingerahmt. Es finden sich hier mehrere Inschriften von Hektorović, einige mit christlichen Botschaften.

Trg Tvrdalj Petra Hektorovića 1 (Ecke Njiva ulica und ulica Braće Biankini) | Tel. 0 21/76 50 68 | Mai–Okt. 10–13, Juli–Sept. 10–13, 17.30–20.30 Uhr | Eintritt 15 Kn

 7 MERIAN EMPFEHLUNG

DIE EBENE VON STARI GRAD (STAROGRADSKO POLJE)

Seit 2008 gehört das Areal zum UNESCO-Weltkulturerbe. Es ist der historische und ökologische Aspekt, der diese Kulturlandschaft so einzigartig macht. Die riesige fruchtbare Fläche wurde im 4. Jh. v. Chr. von den Griechen angelegt und Chora Pharu genannt. Seitdem wurde an dieser üppig grünen Landschaft kaum etwas verändert. Die ursprünglich aufgeteilten Parzellen sind bis heute sichtbar, und man hat das geometrische System der Parzellenteilung beibehalten. Früher gab es noch Rinnen und Zisternen, um Regenwasser zu sammeln. Der Anbau von Trauben und Oliven wurde von den Griechen ebenso betrieben wie heute von den Insulanern.

Auf der D116 von Stari Grad Richtung Osten fahren. Mehrere Wege führen nach links zu Starogradsko polje. Dort kann man parken und zu Fuß die Gegend erkunden.

Übernachten

In Nähe zur Altstadt
APARTMENTS
Viele Privatunterkünfte gibt es im Radius von 1,5 km um das Ortszentrums von Stari Grad. Die Apartments verfügen über eine voll ausgestattete Küche und liegen preislich merklich unter dem Level von Hvar-Stadt. Buchen kann man über Agenturen im Internet.

Aktivitäten

Fahrradtour
HVAR LIFE
Hvar eignet sich sehr gut, um die Orte mit dem Fahrrad zu erkunden. Das Unternehmen Hvar Life bietet verschiedenste Touren bezüglich Orten, Dauer und Gruppengröße an. Man kann aber auch einfach nur ein Fahrrad ausleihen.

Trajektno Pristanište 1 (am Hafen, ca. 1 km südlich von Stari Grad) | Tel. 0 21/63 46 99 | www.hvar.life | Mai–Okt. tgl. 8–18 Uhr

Strand

Sandige Bucht
MASLINICA
Diese Bucht liegt südwestlich nahe an Stari Grad, ist überwiegend sandig und flach – und das Beste: meistens nicht stark frequentiert.

VRBOSKA F4
550 Einwohner

An einem fjordähnlichen Meeresarm liegt das idyllische Städtchen Vrboska, etwa 7 km östlich von Stari Grad. Vrboska ist von Kiefern, Pinien und Weinbergen umgeben. Hier findet man Ruhe und Abgeschiedenheit. Das ehemalige Fischerdorf wuchs bereits im späten Mittelalter allmählich zu einer kleinen Stadt heran. Bedeutendstes Bauwerk ist die **Festungskirche der Heiligen Maria der Barmherzigkeit** (Sveta Marija od Milosrđa) aus dem 16. Jh., ein monumentales Gebäude, von dem man nicht vermuten würde, dass es sich dabei um eine Kirche handelt. Architektonisch beeindruckend und eher selten, wie hier Festung und Kirche eine Einheit bilden.

Fischfang, Landwirtschaft, eine Sardinenfabrik und eine Werft hatten dem Ort zu einem guten wirtschaftlichen Aufschwung verholfen. Der Fischfang stellt heute nur noch selten

Vrboska grenzt im Osten an die Ebene von Stari Grad. In dem ehemaligen Fischerdorf fühlen sich heute Touristen an dem langen, fjordähnlichen Hafen besonders wohl.

die Haupteinnahmequelle dar. Außerdem wollen immer weniger junge Männer Fischer werden. Die Sardinenfabrik wurde bereits 1972 geschlossen, und auch in der Werft gibt es nichts mehr zu tun. Im Umland werden Bogdanuša-Reben für den regionaltypischen Weißwein kultiviert, ebenso wird Olivenöl verarbeitet. Die Sardellen sind mit der Fabrik übrigens nicht verschwunden. In Salz eingelegte Sardellen gelten in Vrboska auch heute noch als Spezialität, und man bekommt sie in fast jeder Konoba. Das liebevoll gestaltete **Fischermuseum** (Ribarski muzej) sollte man unbedingt besuchen. Zu sehen sind Netze, Fanggeräte, Lampen und Werkzeug. Auch eine traditionelle Fischerküche ist ausgestellt. Gezeigt werden zudem Schwämme, Muscheln, präparierte Meerestiere sowie Konservenbüchsen und Etiketten der 1972 geschlossenen Fischfabrik.

Festungskirche: Šabotova kola 79 | Mo–Sa 10–12 Uhr | Eintritt frei | Fischermuseum: Ecke Vrboska und Šabotova kola | Sommer tgl. 10–12.30, 18.30–21 Uhr | Eintritt 20 Kn

VIS E5

3400 Einwohner

Von Vis aus begann im 4. Jh. v. Chr. die griechische Kolonialisierung. Die Griechen nannten die Insel Issa und erorberten daraufhin immer mehr Territorien in Dalmatien. Von den Römern wurde sie Lissa genannt – und später stand sie unter verschiedener Fremdherrschaft. Der sozialistische Staatschef Tito erklärte Vis zum **Sperrgebiet**. Erst 1989 wurde dieser Zustand aufgehoben. Ab Anfang 2000 kamen immer mehr Touristen. Dennoch ist es eine eher ruhige Insel geblieben. Im Sommer ist auf Vis durchaus etwas los, doch gibt es keine dichten Touristenströme. Die Natur ist weitgehend unberührt – Vis gilt als eine der zehn am besten erhaltenen Inseln im Mittelmeer. Wichtigste Einnahmequelle der Bewohner sind Fischfang, Tourismus und Landwirtschaft. Die Tradition des **Weinanbaus** auf dieser Insel ist 2500 Jahre alt, die weiße Rebsorte Vugava gehört untrennbar zu Vis. Da sie eine empfindliche Sorte ist, muss sie sorgfältig gepflegt werden. Eine seltene Kostbarkeit ist der alkoholreiche Weißwein aus dieser Rebe.

Orte auf Vis

STADT (GRAD) VIS E5

1900 Einwohner

Die Stadt Vis entstand im 16. Jh., als die Ortschaften Kut und Luka zusammengelegt wurden. Sie liegt im Nordosten in einer Bucht mit unzähligen Palmen. Hier ließen die wohlhabenden Familien ihre Sommerresidenzen errichten. Einige dieser Villen gehen selbst bis ins 16. Jh. zurück.

Sehenswertes

ARCHÄOLOGISCHES MUSEUM (ARHEOLOŠKI MUZEJ GRADA VISA)

Eine archäologische, ethnografische und kulturhistorische Sammlung. Am Anfang der Ausstellung steht die griechische Kolonialisierung. Aber auch der neueren Geschichte widmet sich das Museum: Fischerei, Weinanbau und die Gegenstände aus dem täglichen Leben der früheren Inselbewohner.

Ulica Viški Boj 12 | Tel. 0 21/71 17 29 | Juni–Sept. Mo–Fr 10–13, 17–21, Sa 10–13 Uhr; sonst nach tel. Voranmeldung | Eintritt 20 Kn, ermäßigt 10 Kn

Übernachten

Ruhige Lage
HOTEL SAN GIORGIO

Das sympathische Familienhotel liegt 1 km östlich des Ortskerns und ist in 10 Min. Fußweg zu erreichen. Die Zimmer gbt es in drei verschiedenen Kategorien und Größen. Im lauschigen Garten lässt sich angenehm frühstücken.

Petra Hektorovića 2 | Tel. 0 21/60 76 30 | www.hotelsangiorgiovis. com | 10 Zimmer | €€€

Essen und Trinken

Grill und Wein
KONOBA KANTUN

Ein urig-gemütliches Ambiente mit offenem Grill drinnen, draußen sitzt es sich direkt an der Bucht auch nett. Die Spezialitäten sind zünftige Grillgerichte, Fisch und Meeresfrüchte. Sehr gut ist auch das herzhaft marinierte Lamm. Dazu unbedingt die regionalen Weine probieren.

Obala Sv. Jurja 1 | Tel. 0 92/2 85 48 18 | tgl. 18–24 Uhr | €€–€€€

Historisch
LAMBIK BAR & BISTRO

Was wohl Hanibal Lucić sagen würde, dass in seiner ehemaligen Sommerresidenz heute Pizza serviert wird? Lucić (1485–1553) war aus wohlhabendem Haus und als Richter und Rechtsanwalt tätig. Daneben widmete er sich der Poesie. Der Innenhof dieser 500 Jahre alten Villa lädt zum Verweilen in Korbstühlen und im Schatten von Weinblättern ein. Abends gibt es manchmal Livemusik.

Trg Podlože 2 | tgl. 7–2 Uhr | €€

Aktivitäten

Für Anfänger und Profis
TAUCHEN

Vis eignet sich bestens zum Tauchen. Egal ob als Anfänger (mit einer Tauchschule) oder als erfahrener Taucher mit anspruchsvollen Tauchzielen, Ausflüge zu Schiffswracks, Höhlen, Nachttauchen … je nach Level und Taucherfahrung gibt es ein breites Angebot. Nette und geduldige Guides. Startpunkt ist meist von Komiža, dem Westteil der Insel.

B–24 Diving Center: www.diving-croatia.hr | Issa Diving Center: www.scubadiving.hr | Manta Diving Center: www.crodive.info

Ausflüge

Titos Tunnel
GESCHICHTSTOUR

Josip Broz Tito, Partisanen-führer im Zweiten Weltkrieg und späterer Staatschef, hatte auf Vis eine Militärbasis. Über 30 Militärobjekte gibt es hier, die erst nach und nach ent-deckt wurden. Raketenbasis, mehrere Tunnel und Bunker. Die Insel war bis 1989 Sperr-zone und für Ausländer tabu.

Startpunkt ab Vis oder Komiža | Tel. 021/717239 | www.alternatura. hr | Kosten: 300 Kn pro Person

8 ◀ MERIAN EMPFEHLUNG

Natürliches Spektakel
DIE BLAUE GROTTE
(MODRA ŠPILJA)

Mehrere Veranstalter bieten Überfahrten per Boot zur **Insel Biševo** an. Die Attraktion auf dieser kleinen Insel ist die Blaue Grotte. Man kann sie nur über den Seeweg errei-chen. Gegen 11 Uhr vormit-tags strahlt das Sonnenlicht in die Grotte, wird vom Was-ser reflektiert und taucht das Innere in blaues Licht. Ein schöner Augenblick.

Touren z. B. über folgende An-bieter: www.alternatura.hr, www.bluecavetrips.com, www. visbluecave.com (über Letzteren kann man auch Boote mieten)

Mit Bademöglichkeit
DIE GRÜNE GROTTE

Manche behaupten, ein Be-such der Grünen Grotte auf Ravnik sei lohnender. Hier könne man zumindest baden. Geschmäcker und Ansichten sind verschieden. Es stimmt, dass man in der Grünen Grotte baden darf. Doch soll-te man sich das lieber nicht wie eine spirituelle Erfahrung vorstellen. Viele, viele andere Menschen nutzen diese Gele-genheit ebenfalls; und auch auf den regen Bootsverkehr muss man dabei unbedingt achten! Die Grüne Grotte ist ohne Zweifel einen Besuch wert, doch ist die Blaue Grot-te vielleicht etwas spektakulä-rer. Es besteht auch die Mög-lichkeit, während einer Tour beide Grotten zu besuchen (www.visadventure.com).

SÜDDALMATIEN

In Dubrovnik herrscht auch außerhalb des Sommers Hochbetrieb. Auf der Halbinsel Pelješac findet man besten Wein und mit dem Gipfel Sveti Ilija eine der schönsten Aussichtsplattformen. Die Insel Korčula ist ein architektonisches Juwel. Mljet und Lastovo sind Naturparadiese.

Die Halbinsel **Pelješac** mit ihren romantischen Orten und Weinbergen ist sowohl zum Wandern als auch zum Entspannen perfekt geeignet. Vom Gipfel des mit 961 m höchsten Berges Süddalmatiens, des **Sveti Ilija,** hat man eine spektakuläre Aussicht. Berühmt ist Pelješac nicht minder für seinen Qualitätswein und die längste Festungsmauer Europas in den Orten Ston und Mali Ston – wo man auch die frischesten Austern bekommt. Die **Pelješac-Brücke** soll bis Sommer 2022 fertiggestellt sein. Damit wird man künftig den Neum-Korridor, einen kurzen Streckenabschnitt durch Bosnien und Herzegowina, umgehen können.

Dubrovnik ist das am häufigsten besuchte Reiseziel des Landes. Es kommen Touristen aus aller Welt. Den Beinamen »Perle der Adria« trägt Dubrovnik seit über 200 Jahren, nachdem der englische Dichter Lord Byron sie nach einer Reise so betitelt hatte. Der Literaturnobelpreisträger George Bernard Shaw nannte Dubrovnik das Paradies auf Erden. Die Stadt ist vielerlei: Kultur, Faszination, Unikat, Sinnlichkeit, Hektik und Trubel. Wer in Dubrovnik seinen Urlaub verbringt, wird auch den Wunsch verspüren, einmal über die begehbare Stadtmauer zu laufen und über die Flaniermeile Stradun zu schlendern. Die Sehenswürdigkeiten, seine einzigartige Geschichte und das mittelalterliche Flair machen Dubrovnik bei Touristen so beliebt. Wer danach ein wenig Abstand von den Menschenmassen sucht, findet auf der **Insel Lokrum** eine geeignete Möglichkeit.

Die Altstadt von Korčula wurde im Mittelalter streng geometrisch ausgebaut, auch die Häuser selbst sind architektonisch interessant mit Schmuckelementen versehen.

Die Stadt **Korčula,** auf der gleichnamigen Insel, ist ein architektonisches Schmuckstück. Viele Besucher kommen hierher, um den traditionellen **Schwerttanz Moreška** zu sehen, aber die Insel wartet auch mit zauberhaften Ortschaften und schönen Stränden auf. Dass die **Insel Lastovo** nicht auf der Agenda von vielen Dalmatienurlaubern steht, hat für Besucher eigentlich etwas Erfreuliches. Andererseits ist es auch bedauerlich, da Lastovo eine herrliche Insel ist und viele nicht wissen, was ihnen entgeht. Von den bewohnten Inseln ist sie diejenige, die am weitesten vom Festland entfernt liegt. Lastovo bietet nicht nur einen wundervollen Naturpark, sondern auch Buchten und Strände ohne Getümmel, idyllische Wanderwege – es ist der ideale Standort, um den Sternenhimmel zu sehen.

Nicht zuletzt empfiehlt sich ein Besuch auf **Mljet.** Sie wird auch »Garteninsel« oder »Grüne Insel« genannt, weil sie zu 70 % aus Vegetation besteht. Manchmal hängt man ihr auch den Beinamen »Odysseus-Insel« an, was mit einer Legende in Verbindung steht und einer Höhle, die man besuchen kann. Im Naturpark sind der große und der kleine Salzsee beliebte Badeplätze.

Wie wichtig die Meerwassersaline Ston für die Republik Ragusa im 14. Jh. war, zeigt sich an der imposanten Verteidigungsmauer, die den Zugang auf Pelješac regelte.

Das Festland

PELJEŠAC G–J5

9000 Einwohner

Die lang gestreckte und gebirgige Halbinsel Pelješac ist nicht nur für Badegäste zu empfehlen, sondern auch für Naturfreunde und Wanderer. Als Wandergebiet erster Güte hat sich vor allem das Gebirgsmassiv um den Berg **Sveti Ilija** profiliert. In der Wildnis der Berge leben Schakale, Mufflons und Uhus. Die Halbinsel ist mit einer Fläche von 348 km² nach Istrien die zweitgrößte Kroatiens und 62 km lang. Bekannt geworden ist Pelješac wegen seiner **Verteidigungsmauer** bei Ston und der Qualitätweine Plavac, Dingač und Postup. Neben Trauben und Oliven gedeihen hier auch Orangen, Zitronen und Quitten. Die kleinen und größeren Ortschaften haben sich ihre Authentizität bis heute bewahrt. Bewohnt war Pelješac bereits von den Illyrern. Archäologen vermuten, dass es sich bei der Höhle des Dorfes **Nakovanj** um eine Kultstätte der Illyrer handelt. Die

Höhle ist für Besucher noch nicht zugänglich. Statt über den Landweg kommt man auch mit der Fähre von Ploče nach Trpanj oder von Korčula nach Orebić.

Orte auf Pelješac

STON UND MALI STON   H5

550 und 140 Einwohner

Wer mit dem Auto über das Festland auf die Halbinsel reist, wird im Südosten zunächst mit Mali Ston Bekanntschaft machen, das auch für seine **Austernzucht** bekannt ist. Ston und Mali (kleiner) Ston liegen nur 1,5 km voneinander entfernt. Sie sind über die berühmte **Verteidigungsmauer** miteinander verbunden. Mit dieser ließ sich ab dem 15. Jh. der Zugang zur Halbinsel an der schmalen Landenge regulieren, die Pelješac mit dem Festland verbindet.

Sehenswertes

9 MERIAN EMPFEHLUNG

DIE LÄNGSTE VERTEIDIGUNGSMAUER EUROPAS

Mit einer Länge von 5,5 km ist sie die längste Verteidigungsmauer Europas. Angeblich soll sie sogar die zweitlängste der Welt sein nach der Chinesischen Mauer – wobei die Spanne von 5,5 km und 22 000 km recht weit gefasst ist.

Die Republik Ragusa (Dubrovnik) ließ die Verteidigungsmauer im 14. Jh. errichten, um die kostbaren Salinen vor Eindringlingen zu schützen. An dem imposanten Bau samt 40 Türmen und fünf Bastionen waren einige der besten Architekten der damaligen Zeit beteiligt, u. a. Dalmatinac, Firentinac, Miličević und Michelozzo. Man kann sowohl von Ston als auch von Mali Ston aus über die Mauer spazieren. Der Zugang liegt in Ston an der Westseite des Ortes, in Mali Ston an der Festung Koruna auf der Südseite. Es gibt Wegweiser vor Ort.

Sommer 8–18.30, Winter 9–15 Uhr | Eintritt 70 Kn, ermäßigt 30 Kn

SALZWERK (SOLANA STON)

Seit dem 2. Jh. v. Chr. wird auf diesem Gebiet das weiße Gold gewonnen. Seit dem Mittelalter ist die Produktionsweise unverändert. Nachdem Ston 1333 unter die Macht der Republik Ragusa (Dubrovnik) fiel, ließ Ragusa kurz darauf die Verteidigungsmauer errichten. Die Salinen mussten vor Diebstahl geschützt werden – und Ragusa verdiente hervorragend am Salz von Ston. Während der Führung durch die Solana Ston wird der interessante geschichtliche Hintergrund vermittelt.

Ston | Pelješki put 1 | Tel. 0 20/75 40 27 | www.solanaston.hr | Sommer tgl. 7–19, Winter 7–14 Uhr | Eintritt 15 Kn

LAPIDARIUM

Im ehemaligen Bischofspalast aus dem 16. Jh. ist diese Steinsammlung untergebracht mit historischem Bezug zu Ston und Dalmatien. Aus dieser Region sind bedeutende Bildhauer hervorgegangen. Einige Exponate datieren zurück bis auf das 6. Jh. Zu sehen sind Fresken, Reliefs, Fragmente früherer Kirchenbauten und einiges mehr.

Ston | Placa 17 | Tel. 0 20/75 41 59 | www.lapidarij-ston.com | Sommer tgl. 9–20.30 Uhr, sonst verkürzt | Eintritt 20 Kn

Übernachten

Schlafen & Essen
HOTEL OSTREA

Das alte Steinhaus war früher das Haus einer Familie, das in ein Dreisternehotel umgebaut wurde. Die Zimmer sind eher antik als modern eingerichtet, aber durchaus geschmackvoll und gemütlich. Es gibt unterschiedliche Zimmergrößen, mit Blick aufs Meer oder die Mauer. Zum Hotel gehört auch das Restaurant Kapetanova kuća (Kapitänshaus), das fast schon Kultstatus hat. Köstliche Gerichte rund um (frische!) Muscheln und Austern. Wer die Preise als übertrieben hoch empfindet, der vergleiche Restaurants in anderen Ländern, die ihre Ware auf langen Wegen importieren und als »elegante« Portionen servieren.

Mali Ston | Obala dr. Ante Starčevića 9 | Tel. 0 20/75 45 55 | www.ostrea.hr | 13 Zimmer + 1 Apartment | €€–€€€

Essen und Trinken

Frischer Fisch
BOTA ŠARE

Austern, Muscheln, Fisch und Krebse werden nach alten Rezepten zubereitet. Das Brot ist immer frisch, die Portionen sind großzügig, das Ambiente angenehm. Bota Šare betreibt Lokale in Dubrovnik, Split und Zagreb, doch hier sitzt man direkt »an der Quelle«.

Mali Ston bb (am Ufer) | Tel. 0 20/ 75 44 82 | www.bota-sare.hr | tgl. 9–23 Uhr | €€

KUNA PELJEŠKA UND POTOMJE   H5

220 und 250 Einwohner

Die beiden Ortschaften liegen nur 3 km auseinander. Die Anfahrt führt über eine gebirgige Landschaft, sattes Grün überall. **Kuna** ist ein winziges Dorf und von mediterraner Ländlichkeit geprägt. Früher haben sich nur manchmal neugierige Touristen hierherverirrt, doch mittlerweile haben sich die Bewohner daran gewöhnt, dass ihre kleine Ortschaft regelmäßig besucht wird. Es gibt drei Weinkellereien und mittlerweile auch Übernachtungsmöglichkeiten.

Auf halbem Weg zwischen Kuna und Potomje liegt das Anwesen **Antunović,** eine Konoba mit rustikalem Essen, regionalem Wein und Schnäpsen. Familie Antunović beherbergt auch 30 Esel. Sie sind zutraulich und lassen sich gern streicheln. Früher besaß fast jede Familie auf dem Land oder den Inseln einen Esel. Aufgrund moderner Zeiten gibt es in ganz Kroatien nur noch ca. 2500 Esel. Die Familie Antunović verkauft Eselsmilch, die Esel werden nicht als Arbeitstiere gehalten.

In **Potomje** angekommen, befindet man sich im Schlaraffenland des Weins. Hier ist das Zuhause des Dingač. Es gibt mehrere Weinkeller, und man kann (wie auf ganz Pelješac) direkt bei den Winzern probieren und kaufen. Wenn man noch ein Stückchen weiter aus der Ortschaft hinausfährt, stößt man auf den »Tunel Dingač«. Örtliche Winzer finanzierten den Tunnel 1973, um den mühsamen Weg zu den Weinbergen abzukürzen. Heute wird er haupsächlich von Touristen genutzt.

Family Farm Antunović: Kuna Pelješka | Kuna 37 | Tel. 0 20/74 21 01 | www.opgantunovic.hr | tgl. 10–23 Uhr | €€–€€€

OREBIĆ G5

1960 Einwohner

Die größte Stadt der Halbinsel liegt am Fuß des Sveti Ilija, des höchsten Bergs. Orebić war Heimat wohlhabender Seefahrer und Kapitäne. Selbst der Ortsname geht auf eine Kapitänsfamilie zurück, die sich 1584 hier ansiedelte.

Sehenswertes

KAPITÄNSVILLEN

Vor allem im 19. Jh. avancierte der Küstenort zum beliebten Wohnort erfolgreicher Kapitäne. Viele von ihnen ließen sich prächtige Villen erbauen, umgeben von üppigen Gärten. Sehenswerte Villen aus dieser Zeit liegen entlang der Riva von Orebić.

SCHIFFFAHRTSMUSEUM (POMORSKI MUZEJ)

Vorgestellt werden nautische Instrumente und historische Schiffsmodelle. Zu sehen sind auch originelle Objekte, die von den Seefahrern aus diversen Kontinenten mit nach Hause gebracht wurden. Vor allem erfährt man hier von der Bedeutung der 1865 gegründeten Schifffahrtsgesellschaft von Pelješac, die der gesamten Halbinsel Wohlstand und Bedeutung bescherte. Zwischen 1865 und 1887 besaß die besagte Schifffahrtsgesellschaft die größte Handelsflotte des gesamten Mittelmeers und agierte auf nahezu allen Weltmeeren.

Trg Mimbelli bb | Tel. 0 20/71 30 09 | www.muzej-orebic.hr | Juli–Sept. Mo bis Fr 8–20, Sa, So 18–20, sonst Mo–Fr 8–14 Uhr | Eintritt 15 Kn, Kinder frei

10 MERIAN EMPFEHLUNG

AUSBLICK VON OREBIĆ

Etwa 1,5 km westlich von Orebić befinden sich das **Franziskanerkloster** und die **Kirche Gospe od Anđela,** die 1470 errichtet wurden. Rings um den Innenhof des Klosters zeigt eine Sammlung historische Modelle von Last- und Segelschiffen, Seekarten und Porträts von Seefahrern aus Orebić. Sehenswert ist auch der alte Friedhof, auf dem bedeutende Familien und

Orebić liegt an der Südseite des Sveti Ilija und ist bekannt für seine beeindruckenden Villen. Viele Pflanzen brachten die Kapitäne von ihren Reisen mit.

Kapitäne aus Orebić bestattet sind. Der mündlichen Überlieferung nach haben Kapitäne bei Abfahrt ihre Schiffssirenen Richtung Kirche ertönen lassen, so baten sie darum, beschützt zu werden. Bei Ankunft dankten sie auf gleiche Weise, wohlauf nach Hause zurückgekehrt zu sein. Die Mönche ließen daraufhin zur Antwort die Glocken läuten.

Die Umgebung gehört zu den idyllischsten auf Pelješac. Man ist umgeben von Kiefern und Zypressen, die mehrere Hundert Jahre alt sind. Vor dem Franziskanerkloster wendet man sich der Adria zu. Welch ein Ausblick! Die Altstadt von Korčula, das blaue Wasser, die Insel Badija und die vielen anderen. Möwen fliegen vorbei. In der Ferne erkennt man Segelschiffe. Das ist die geballte Pracht der dalmatinischen Inselwelt.

Kloster: Podgorje bb | Mo–Sa 8–12, 16–19, So 16–18 Uhr | Eintritt 20 Kn

Übernachten

Nah an der Riva
MIMBELLI

Die ansprechenden Mittelklassezimmer sind nach in Farbwelten wie Lavendel oder Olive dekoriert. Das Haus liegt günstig, sehr nahe der Riva. Im gleichnamigen Restaurant mit schön gelegener Terrasse gibt es empfehlenswerte dalmatinische Gerichte.

Trg Mimbelli 6 | Tel. 0 20/71 36 36 | www.mimbelli-orebic.com | 5 Zimmer + 1 Apartment | €€–€€€

Terrasse mit Weitblick
HOTEL INDIJAN

Das familiengeführte Viersternehotel liegt nahe am Ufer. Fast alle Zimmer haben Meerblick. Es gibt ein Spa, einen überdachten Pool und ein Restaurant, das regionale Weine führt. Ein wahres Kleinod ist die Hotelterrasse, von der aus sich ein weiter Blick über das Meer und die vorgelagerten Inseln öffnet.

Škvar 2 | Tel. 0 20/71 45 55 | www.hotelindijan.hr | 19 Zimmer | €€€

Essen und Trinken

Delikate Süßspeisen
CROCCANTINO

Eisdiele und Café in einem, zum Schlemmen und Frühstücken geeignet. Die frisch zubereiteten Eissorten sind auf Basis natürlicher Zutaten hergestellt, was man definitv schmeckt. Traumhaft köstliche

Kuchen und Torten gibt es ebenfalls zur Auswahl – und auf der Terrasse Meerblick.

Obala pomoraca 30 | Tel. 0 20/ 71 44 16 | €€

Romantisch
STARI KAPETAN

Im Lokal sitzt man am offenen Kamin, die Außenplätze sind direkt am Meer. Das Stari kapetan (alter Kapitän) serviert erstklassigen Fisch, Wein und beste Meeresfrüchte. Das Restaurant gehört zum Viersternehotel Adriatic, das sechs rustikal-elegante Zimmer bietet. Das Gebäude war im frühen 17. Jh. eine Kirche, danach eine Schule und später ein Wohnhaus, bis es schließlich zu einem Hotel mit Restaurant wurde.

Šetalište kneza Domagoja 8 | Tel. 0 20/71 44 88 | www.hotel adriaticorebic.com | tgl. 8–23 Uhr | €€–€€€

VIGANJ G5

300 Einwohner

Auch Viganj hatte einst eine lange Seefahrertradition. Berühmt ist der Ort heute – ähnlich wie der Nachbarort **Kućište** – bei Hobbysurfern. Die Windbedingungen im Pelješki-Kanal zwischen Viganj und der Nachbarinsel Korčula sind äußerst günstig. Deshalb fanden hier bereits internationale Windsurfwettbewerbe statt. Eine mehrmals täglich verkehrende Personenfähre verbindet Viganj mit Korčula-Stadt.

DUBROVNIK J6

Stadtplan → S. 159

42 600 Einwohner

Das heutige Altstadtensemble geht weitgehend auf die Zeit der unabhängigen **Republik Ragusa** zurück. Gegründet wurde sie 1358, ihre Blütezeit erlebte sie zwischen dem 15. und 16. Jh. Die Ragusaner waren clever. Sie wussten die großartige Lage ihrer Stadt für den Handel zu nutzen. Die Republik Ragusa war autark und fortschrittlich. Lange Zeit konnte sie sich ihre Autonomie sogar gegenüber Venedig bewahren. Ragusa hat als erster Staat die Sklaverei abgeschafft und als erster die Vereinigten Staaten von Amerika anerkannt. Und die älteste Apotheke der Welt ist bis heute in Betrieb. Die Republik Ragusa blieb bis 1808 bestehen, der Name Ragusa blieb bis zum Jahr 1918 erhalten. Seither nennt sich die Stadt Dubrovnik, was auf das kroatische Wort für Hain *(dubrava)* zurückgeht.

Die **Altstadt** wurde 1979 in die Liste des UNESCO-Weltkulturerbes aufgenommen. Dubrovnik gehört zu den Städten, die man gesehen haben sollte. Die Flaniermeile Stradun, deren offizieller Name Placa lautet, ist ein Ort der Geschichte und voll mediterraner Atmosphäre. Wer den außerordentlichen Charme dieser Stadt erleben möchte, findet die intensivste Inspiration am frühen Morgen – noch ehe die Heerscharen von Besuchern die Gassen füllen. Auch Sommerabende, oft mit spektakulären Sonnenuntergängen über dem Meer, sind geeignet für eine ungestörte Begegnung mit der Architektur der Stadt.

Sehenswertes

❶ STADTMAUER (GRADSKE ZIDINE)

Dubrovnik verfügt über einen geschlossenen Befestigungsring, der den Besuchern die Möglichkeit eröffnet, die Stadt zu Fuß zu umrunden und viele der Sehenswürdigkeiten, aber auch das normale Alltagsgeschehen in den Gassen, von oben zu betrachten. Die Stadtmauer – eine der am besten erhaltenen in Europa – stammt größtenteils aus dem 15. Jh., allerdings wurde mit dem Bau bereits im 8. Jh. begonnen. Die Mauern erreichen eine Höhe von 25 m und sind bis zu 6 m dick. Der gesamte Befestigungsring ist 1940 m lang.

Zugang: Stradun, beim Pile-Tor oder Festung Sveti Ivan (Ostseite der Altstadt) | Tel. 0 20/63 88 00 | www.citywallsdubrovnik.hr | Sommer tgl. 8–19 Uhr, sonst verkürzt | Eintritt 200 Kn, ermäßigt 50 Kn

❷ ONOFRIO-BRUNNEN (ONOFRIJEVA FONTANA)

Treffpunkt für alle: Der große Brunnen ist nach seinem Erbauer benannt, dem neapolitanischen Baumeister Onofrio della Cava. Das ursprüngliche Aussehen wurde durch das Erdbeben von 1667 stark beschädigt. Somit ist die heutige Konstruktion jüngeren Datums. Im 15. Jh. markierte der Brunnen mit der darunterliegenden Zisterne das Ende einer 12 km langen Wasserleitung. Den Brunnen zieren 16 Wasserspeier. Ein kleinerer Brunnen desselben Baumeisters ist mit Delfinen geschmückt und versorgte den Markt am Sponza-Palast mit Wasser.

Großer Brunnen: Placa (Stradun) am Pile-Tor (Vrata od Pila) | kleiner Brunnen: am Sponza-Palast

❸ WAR PHOTO LIMITED

Zweifellos sind die Bilder aufwühlend und berührend. Aufgenommen wurden sie von renommierten Fotografen an Kriegsschauplätzen. Diese Einrichtung transportiert nur Momentaufnahmen, ohne diese zu kommentieren.

Antuninska 6 | www.warphotoltd.com | Mai–Sept. tgl. 10–22, 15. März–April, Okt.–15. Nov. Mi–Mo 10–16 Uhr | Eintritt 50 Kn, ermäßigt 40 Kn

❹ KIRCHE DES HEILIGEN BLASIUS (CRKVA SVETOG VLAHA)

Die barocke Kirche ist Sveti Vlaho, dem Heiligen Blasius, gewidmet, dem Schutzpatron der Stadt. An dieser Stelle stand ursprünglich eine romanische Kirche, die im 14. Jh. erbaut worden war, im Jahr 1706 jedoch von einem Brand völlig zerstört wurde. Neun Jahre später entstand dann diese Kirche. Interessant ist die Tatsache, dass alles dem Brand zum Opfer fiel – außer der Statue des Sveti Vlaho, die vollkommen unbe-

SEHENSWERTES

1 Stadtmauer
2 Onofrio-Brunnen
3 War Photo Limited
4 Kirche des Heiligen Blasius
5 Rektorenpalast ★
6 Dominikanerkloster

ÜBERNACHTEN

1 Villa Orsula
2 Villa Klaic

3 Dubrovnik Palace
4 Rooms4U

ESSEN UND TRINKEN

5 Glam Beer Therapy
6 Nishta
7 Pantarul

EINKAUFEN

8 Apotheke im Franziskanerkloster 🚩

9 Stjepko Art

ABENDGESTALTUNG

10 Caffe Bar Libertina

AKTIVITÄTEN

11 Berg Srđ

STRÄNDE

12 Dače

159

schädigt blieb. Der Heilige hält ein Modell Dubrovniks in den Händen, das die Stadt vor den großen Zerstörungen durch das Erdbeben im Jahr 1667 zeigt. Der Legende nach hat Sveti Vlaho einem Pfarrer gegenüber den Verdacht geäußert, Venedig wolle die Stadt angreifen und erobern. Der Pfarrer habe daraufhin Vorsichtsmaßnahmen getroffen und einen Angriff vereitelt. Dies habe sich am 3. Februar 971 ereignet. Sveti Vlaho hat die Bewohner Dubrovniks also vor dem Angriff beschützt, deshalb feiert Dubrovnik jedes Jahr am 3. Februar seinen Schutzpatron und gleichzeitig sich selbst mit einem Umzug.

Luža ulica 2 | Tel. 0 20/32 33 89 | tgl. 9–20 Uhr | Eintritt frei

MERIAN TOP 10

❺ REKTORENPALAST (KNEŽEV DVOR)

Ragusas Regierungssitz: Erstmals wurde der gotische Palast Ende des 13. Jh. erwähnt. Von hier aus wurde die Republik Ragusa regiert und verwaltet. Es war sowohl Regierungssitz als auch die Residenz des Rektors. Der Palast war ebenfalls der Sitz des Großen Rats, des Kleinen Rats sowie des Senats. Im Laufe der Zeit veränderte der Palast sein Aussehen, bedingt durch Beschädigungen und Renovierungen. Für die Rekonstruktionen wurden u. a. Juraj Dalmatinac und Onofrio della Cava beauftragt. Während dieser Zeit flossen die Stilrichtungen Renaissance und Barock mit ein. Sehenswert ist die barocke Treppe. Im Atrium des Palasts finden in den Sommermonaten Konzerte statt.

Das **Kulturhistorische Museum** (Kulturno povijesni muzej) ist im Rektorenpalast untergebracht, mit einer interessanten Sammlung zur Geschichte Dubrovniks. Münzen, Briefmarken, Uhren, Majolika, Keramik, Waffen, Porträts und Kostüme aus der Zeit zwischen dem 13. und 19. Jh. Auch Mobiliar, Gemälde und Apothekenrequisiten sind ausgestellt. Besondere Aufmerksamkeit verdient das Kabinett des Rektors. In einem kleinen, mit Intarsien verzierten Kästchen, befinden sich die vier Schlüssel der beiden Stadttore Dubrovniks (Pile- und Ploče-Tor).

Ulica pred Dvorom 3 | Tel. 0 20/32 14 22 (Museum) | www.dumus.hr (Museum) | Sommer 9–18, sonst 9–16 Uhr | Eintritt 100 Kn, ermäßigt 50 Kn

Eine 12 km entfernte Quelle speist den Onofrio-Brunnen (s. S. 158) in Dubrovnik seit 1438 mit Trinkwasser. Häufig spielen hier Straßenmusikanten auf.

❻ DOMINIKANERKLOSTER (DOMINIKANSKI SAMOSTAN)

Es ist eines der wichtigsten Baudenkmäler und gleichzeitig Hüter der historischen Bedeutung der Republik Ragusa, das Dominikanerkloster samt Museum. Mit dem Bau des Klosters wurde bereits im frühen 14. Jh. begonnen, es wurde später nach und nach erweitert. Daraus resultierten verschiedene Stilepochen: Gotik, Renaissance, Barock und Romanik. Das ehemalige Kloster ist heute eine Kirche, in der manchmal klassische Konzerte stattfinden. In der damaligen Klosterapotheke ist heute ein Museum untergebracht. Die kostbaren künstlerischen Werke stammen von dalmatinischen und italienischen Künstlern. Das beeindruckende gemalte Kruzifix stammt aus dem 14. Jh. und ist ein Werk des Künstlers Paolo Veneziano. Das Gemälde der Heiligen Maria Magdalena ist aus dem 16. Jh. und stammt von Tizian. Viele Gemälde von hiesigen Malern sind zu sehen, auch von Vlaho Bukovac. Sehenswert ist ebenfalls der schöne Innenhof des Klosters.

Ulica svetog Dominika 4 | Tel. 0 20/32 22 00 | Mai–Okt. tgl. 9–18, Nov.–April 9–17 Uhr | Eintritt 30 Kn, ermäßigt 15 Kn

Übernachten

① Stilvoll im eleganten Stadtpalast
VILLA ORSULA

Diese Unterkunft, 1 km östlich der Altstadt, ist in vielerlei Hinsicht außergewöhnlich. Das Steinhaus wurde 1939 für eine wohlhabende Dubrovniker Familie erbaut, und heute steht es unter Denkmalschutz. Die Zimmer wurden 2012 renoviert und bestechen durch Eleganz und Harmonie. Es bietet sich ein traumhafter Ausblick auf die Altstadt und die Adria. Im zugehörigen Restaurant werden kreative und schmackhafte Speisen serviert, mit viel Fisch und Meeresfrüchten, es gibt aber auch Vegetarisches. Der peruanische Küchenchef kombiniert sagenhaft dalmatinische Rezepte mit dem Lateinamerikanischen. Auf der Terrasse sitzt man schön unter Schatten spendenden Weinblättern. Hervorragender und professioneller Service ist garantiert. Das Ganze hat freilich seinen Preis. Ulica Frana Supila 14 | Tel. 0 20/44 05 88 | www.villa-orsula. thedubrovnikhotels.info | 11 Zimmer + 2 Suiten | €€€€

② Schönes Gesamtpaket
VILLA KLAIC

Weniger als eine Viertelstunde Fußweg liegt diese hübsche Unterkunft von der Altstadt entfernt. Sehr freundlich und hilfsbereit sind die Gastgeber, hübsch die Zimmer mit Ausblick auf Dubrovnik und das Meer oder Garten und Pool. Šumetska ulica 9 | Tel. 0 91/7 38 46 73 | www.villaklaic-dubrovnik. com | 7 Zimmer | €€–€€€

③ Inmitten grünblauer Natur
DUBROVNIK PALACE

Für seinen Komfort und Service mehrfach ausgezeichnetes Hotel, das nur 4 km von der Altstadt entfernt liegt und auf gewisse Weise eine Welt für sich ist. Das Hotel liegt direkt am Naturpark Velika i Mala Petka, wo man spazieren gehen oder joggen kann. Ein wunderbarer Ausblick vom Hotelzimmer bietet sich aufs weite Meer und die Inseln. Geschmackvolle Zimmer und Bäder. Außerdem ein Restaurant, in dem köstliche regionale Speisen serviert werden. Mit Wellnessbereich und Pool. Masarykov put 20 | Tel. 0 20/43 00 00 | www.alh.hr | 308 Zimmer und Suiten | €€€€

JURAJ DALMATINAC

Ein Genie ohne Namen

Weil der Bildhauer und Architekt ebenso in Italien tätig war, wird er häufig auch als **Giorgio da Sebenico** (Georg aus Šibenik) geführt. »Juraj« ist wiederum die kroatische Form von Georg. Wie man ihn auch nennen mag, seinen richtigen Namen kennt man nicht. Geboren wurde er ca. 1400 in Zadar, gestorben ist er 1475 in Šibenik.

Seine Ausbildung absolvierte er in Venedig, in den Atelierräumen von Bartolomeo Bon. Juraj Dalmatinac war am Bau der Porta della Carta beteiligt, dem Eingangsportal des Dogenpalasts in Venedig, bevor er 1441 nach Šibenik berufen wurde, um dort am Weiterbau der Kathedrale tätig zu sein. Bei seinem Tod war die Kathedrale nicht fertiggestellt. Parallel zur Arbeit an der Kathedrale nahm er weitere Aufträge an. Die Liste seiner Werke ist lang. Zum Beispiel schuf er in Split den Altar in der Kathedrale und den Palast für die Familie Papalić. In **Dubrovnik** stellte er den **Minčeta-Turm** fertig, den Michelozzi begonnen hatte. Außerdem wurde Dalmatinac dort für die **Verteidigungsmauer** und den **Rektorenpalast** engagiert. In Pag entwarf er den Stadtkern auf der gleichnamigen Insel. In Italien war er an verschiedenen Orten tätig, am meisten jedoch in Ancona. Dort hinterließ er mehrere Werke, u. a. die Loggia dei Mercanti.

Am Ende seines Lebens hatte er an einer Reihe von Kathedralen, Palästen, Portalen, Altaren und Skulpturen gearbeitet. Seine Werke, häufig eine Mischungen aus Gotik und Renaissance, sind für die Ewigkeit bestimmt. Aber über ihn selbst ist so gut wie nichts bekannt. Aus einem Vertrag geht hervor, dass sein Vater Matej hieß. Er selbst gab den Vornamen Giorgio an (was möglicherweise am Ausbildungs- und Wohnort Venedig lag), doch später nannte er sich Juraj aus Šibenik, aber auch Juraj aus Zadar. Das alles hat nach seinem Tod verständlicherweise Verwirrung gestiftet, weshalb man ihm dann den Namen Juraj Dalmatinac gab – Juraj der Dalmatier.

④ *Schöne und große Zimmer*
ROOMS4U
Knapp 3 km von der Altstadt entfernt, lässt sich der Weg in einer halben Stunde zu Fuß oder in ein paar Minuten mit dem Bus problemlos bewältigen. Die Viersterneunterkunft wurde 2019 eröffnet. Die Zimmer und Bäder sind geräumig, modern und mit allem ausgestattet, was eine gute Unterkunft zu bieten hat. Erfreulich ist außerdem der für Dubrovnik günstige Preis, das gilt ganz besonders außerhalb der Hauptsaison.
Metohijska ulica 1 | Tel. 0 91/6 12 61 21 | www.rooms4u.com.hr/en | 13 Zimmer | €€

Essen und Trinken

⑤ *Vielseitiges Lokal*
GLAM BEER THERAPY
Das Lokal ist eine Art Café-Kneipe. Es ist klein, die Auswahl an Bieren dafür umso größer. Doch hier bekommt man auch Kaffee, Smoothies und Cocktails. Außerdem bietet das Lokal leckere Sandwiches an. Obwohl es in einer schmalen Gasse mitten in der Altstadt liegt, kann man hier ein wenig Abstand vom Trubel gewinnen – und das alles zu absolut fairen Preisen.
Palmotićeva ulica 5 | Tel. 0 91/1 51 82 57 | Nov.–Mai 9–24, Juni-Okt. 9–2 Uhr | €

⑥ *Vegetarisch-deliziös*
NISHTA
Diese Adresse in der Altstadt ist schon längst kein Geheimtipp mehr. Bei der Eröffnung 2007 war es das erste vegetarische Restaurant in Dubrovnik. Es ist sowohl bei Touristen als auch bei Einheimischen sehr beliebt. Kroatien war lange in Sachen fleischfreier Ernährung ein paar Jahre hinterher, doch diese Ernährungsweise erfreut sich auch dort immer größerer Beliebtheit, besonders natürlich bei der jungen Bevölkerung. Im Nishta werden vegane Gerichte, Vollkorn und Rohkost angeboten. Die Rezepturen und Zubereitungsarten können international mithalten. Dass man hier Wert auf regionale Produkte in bester Qualität legt, merkt man als Gast eindeutig. Die Desserts sind übrigens ebenfalls sehr empfehlenswert.
Prijeko bb (Ecke Palmotićeva) | Tel. 0 20/32 20 88 | www.nishtarestaurant.com | Mo–Sa 11.30–23 Uhr | €€

Im Pantarul in Dubrovnik gibt es nicht nur erstklassiges Essen. Ana-Marija Bujić, Mitgründerin und Food-Bloggerin, vertreibt hier auch ihre Bücher zur lokalen Küche.

⑦ *Fokus auf Region, Saison und Selbstgemachtes*
PANTARUL

Wenige Kilometer außerhalb der Altstadt befindet sich ein Restaurant, das die kulinarische Landschaft Dubrovniks erheblich bereichert hat. Das Pantarul (dalm. für Gabel) bietet nicht nur einen hervorragenden Service und köstliche Gerichte. Die regionalen und saisonabhängige Zutaten überzeugen auf ganzer Linie. Fisch und Fleisch halten sich auf der Speisekarte die Waage. Service und Küche sind jedoch flexibel und machen Vegetariern oder Veganern Vorschläge für Gerichte. Der Fisch kommt täglich frisch von den Fischern Dubrovniks, Fleisch und Gemüse von den Bauern aus dem Umland. Man sollte sich auch die Weinkarte ansehen oder nach einer Empfehlung fragen. Für das hohe kulinarische Niveau erscheinen die Preise günstig. In der Hauptsaison ist das Pantarul fast jeden Abend ausgebucht. Eine rechtzeitige Reservierung ist ratsam.
Ulica kralja Tomislava 1 | Tel. 0 20/ 33 34 86 | www.pantarul.com | Di–So 12–16, 18–24 Uhr | €€–€€€

Die Apotheke von 1317 im Franziskanerkloster von Dubrovnik ist die älteste, die noch heute in Betrieb ist. Die Klosterbibliothek enthält seltene Rezepturen.

Einkaufen

11 MERIAN EMPFEHLUNG

8 *Altbewährte Salben*

APOTHEKE IM FRAN- ZISKANERKLOSTER

Es mag ungewöhnlich sein, als Tourist in einer Apotheke Souvenirs einzukaufen, doch diese hier ist etwas Besonderes. Gegründet wurde sie 1317, zu jenem Zeitpunkt war sie die drittälteste Europas. Heute ist sie die älteste Apotheke, die konstant in Betrieb ist. Hier werden Salben und Cremes nach alter Rezeptur angeboten. Viele einheimische Frauen kaufen einen Teil ihrer Pflegeprodukte in dieser Apotheke, aber auch immer häufiger Touristinnen. Beliebt sind die Rosencreme oder Cremes mit Bienenwachs und Mandelöl oder Lavendel – inklusive dekorativer Tiegel. Das dazugehörige Museum vermittelt auch Informationen über die Historie der Apotheke.

Placa 2 (Stradun) | Tel. 0 20/64 11 11 | Sommer 9–18, Winter 9–14 Uhr | Eintritt 40 Kn, ermäßigt 20 Kn

9 *Das Meer auf der Leinwand*

STJEPKO ART

Erfreulich eigentlich, dass der Maler Stjepko Mamić noch als ein Geheimtipp gilt. Insider und Kunstinteressierte bezeichnen sein Atelier jedoch zu Recht als eine der besten Adressen der Stadt. Auch international hat er sich durchaus einen Namen gemacht. Mamić malt seine Bilder mit flüssiger Glasfarbe auf Leinwand, stets kraftvoll in Ausdruck und Farbe. Er war 30 Jahre lang Schiffskapitän, und seine Leidenschaft zum Meer kommt auch deutlich in seiner Kunst zum Ausdruck. Motive von Fischen, Booten, Stränden – alles, was direkt mit dem Meer in Verbindung steht. Seine Bilder kann man vor Ort erwerben.

Ulica Celestina Medovića 2 | Tel. 0 95/9 06 17 03 | www. stjepkomamic.com | tgl. 9–19 Uhr | Eintritt frei

Abendgestaltung

⑩ *Klein und urig*
CAFFE BAR LIBERTINA

Treffpunkt von einheimischen Musikern, Künstlern und Lebenskünstlern. Der Besitzer Luciano Capurso war selbst ein erfolgreicher Musiker. Das Libertina betreibt er schon seit vielen Jahren. Den Touristen, die das Lokal beim Spaziergang durch die Altstadt zufällig entdecken, gefällt das authentische Plätzchen. Hier wird anspruchsvolle Musik gespielt, vor allem Jazz.

Zlatarska ulica 3 | Tel. 0 20/32 15 26 | in der Saison bis nach Mitternacht geöffnet | €

Aktivitäten

⑪ *Seilbahn oder Serpentinen*
BERG SRĐ

Der Blick vom Berg Srđ auf die Altstadt und die vorgelagerten Inseln ist grandios. An klaren Tagen kann man bis zur Insel Mljet sehen. Von hier aus einen Sonnenuntergang über dem Meer zu erleben, bereichert jeden Dubrovnik-Besuch. Um auf den Berg zu gelangen, gibt es eine bequeme und eine aktive Möglichkeit. Man kann sich mit der Seilbahn befördern lassen oder entscheidet sich für die etwas beschwerlichen Serpentinen. Dieser Weg windet sich rund 2,5 km steil nach oben.

Seilbahn: Ulica kralja Petra Krešimira IV 3 | www.dubrovnikcablecar. com | Juni–Aug. 9–24, Sept. 9–22 Uhr, sonst verkürzt | Kosten 90 Kn, ermäßigt 60 Kn
Zu Fuß: Aufstieg von der Jadranska cesta auf Höhe Ulica Nika Kulišića

Prachtbau aus der Blütezeit

Spaziert man über Dubrovniks Flaniermeile **Stradun,** gelangt man an deren Ende zum **Sponza-Palast** (Palača Sponza) mit seinen markanten Arkaden. Seinen Namen bekam er über das lateinische Wort *spongia* für »Schwamm«. Doch im Grunde hat das Gebäude zwei Namen: Sponza und Divona. Letzteres leitet sich vom italienischen *dogana* für »Zoll« ab.

An dieser Stelle befand sich vorher ein anderes Gebäude. Über die Bauzeit ist nichts Näheres bekannt, doch geht aus einem Statut hervor, dass jenes Gebäude bereits 1296 als **Zollhaus** diente. Mitte des 14. Jahrhunderts wurden **Zisternen** zum Auffangen des Regenwassers aufgestellt, so entstand der Name Spongia bzw. später Sponza. Auf dem Areal siedelten sich Geschäfte an, ein Gasthaus und ein Waffenlager. Während des 15. Jahrhunderts kam ein Weizenlager hinzu. Auch eine Schule wurde gegründet. An der westlichen Seite hatten die Goldschmiede ihre Werkstätten und Verkaufsräume. Deshalb heißt die Straße heute Zlatarska ulica (*zlatar* = Goldschmied/Juwelier). Aufgrund des stetigen Wirtschaftswachstums benötigte die Ragusa-Republik größere **Lagerhallen**. Also wurden die Häuser abgerissen, damit ein großes Gebäude entstehen konnte.

Erbaut wurde der Sponza-Palast zwischen 1516 und 1522. Er entstand nach Entwürfen von **Paskoje Miličević** und vereinigt Elemente der Spätgotik und Renaissance. So sind die Fenster der ersten Etage gotisch, während die Fenster der zweiten Etage im Stil der Renaissance gehalten sind. Der **Portikus,** mit von sechs Säulen getragenen Bogen, ist ebenfalls im Stil der Renaissance gehalten. Die Brüder Andrijić aus der renommierten korčulanischen Bildhauerfamilie führten einen großen Teil der Steinmetzarbeiten am Palast aus. Der Architekt Miličević entwarf in Dubrovnik auch die Brücke am Pile-Tor, den Verteidigungsturm Sveti Luka am Hafen und die Sakristei des Dominikanerklosters. Zudem war er an den Verteidigungsmauern in Dubrovnik und Ston tätig. Miličević arbeitete

Das Atrium des Sponza-Palasts in Dubrovnik war das Handelszentrum der Stadt, von hier gingen die Lagerräume ab. Heute lagert hier das historische Archiv der Stadt.

auch als Glocken- und Kanonengießer. Wenige Monate nach Beginn der Bauarbeiten am Sponza-Palast verstarb er im August 1516 mit ca. 75 Jahren. Sein Geburtsjahr ist unbekannt, wird aber auf 1440 geschätzt.

Im **Atrium** des Palasts findet sich eine lateinische Inschrift: »Fallare nostra vetant et falli pondera. Meque pondero cum merces, ponderat ipse deus« (»Unsere Gewichte verhindern, zu betrügen oder betrogen zu werden; während ich die Waren wiege, wiegt mich Gott selbst«). Auf diese Weise wollte man zu verstehen geben, dass man es in Ragusa mit ehrlichen Händlern zu tun habe. Außer dem Zollamt und Waffenlager befanden sich im Palast auch eine Schatzkammer und eine Münzstätte. Ende des 16. Jahrhunderts wurde der Sponza-Palast auch Treffpunkt von Gelehrten und Künstlern.

Heute ist hier das **Staatsarchiv** untergebracht mit bedeutenden historischen Dokumenten und einem Gesamtbestand von 2,7 Millionen beschriebenen Seiten. Darunter findet sich auch eine Päpstliche Bulle von Papst Benedikt VIII.

Das Gebäude repräsentiert eindrucksvoll den Aufstieg und die Blütezeit der Republik Ragusa. Der Sponza-Palast überstand sogar das schwere Erdbeben von 1667.

In der Antike lag hier die griechische Siedlung Epidauros, ab dem 3. Jh. v. Chr. eine römische Kolonie. Heute besticht Cavtat durch seinen mittelalterlichen Charme.

Strand

⑫ In der Nähe zur Altstadt
DANČE

Seit jeher gehen die Einwohner Dubrovniks gern zu diesem Strand. Er liegt nur einen Katzensprung westlich der Altstadt. Wer mit dem Auto kommt, kann am Park Gradac parken und die restlichen paar Schritte zu Fuß gehen. Danče ist ein »typischer« Dubrovniker Strand, sehr felsig und wild, mit betonierten Flächen zum Liegen und kleinem Strandkiosk. Für Kinder und ältere Menschen ist er eher ungeeignet, auch weil das Wasser überall tief ist.

Ulica don Frana Bulića

CAVTAT K6

2100 Einwohner

Nur 20 Min. Autofahrt von Dubrovnik entfernt, liegt einer der wunderbarsten Orte Süddalmatiens. Wer mit dem Flugzeug anreist, kann hierher einen Abstecher machen, da es vom Flughafen nur wenige Kilometer bis nach Cavtat sind. Das mittelalterliche Städtchen bietet ein respektables Touristenangebot, hat sich dabei aber seinen besonderen Charme bewahrt. Ein Ort voller Geschichte, Kunst und Kultur. Zu besichtigen gibt es das Mausoleum der Familie Račić, den Rektorenpalast, das Geburtshaus von Vlaho Bukovac (→ S. 44), die Kirche des Heiligen Nikolaus mit Pinakothek und das Franziskanerkloster. Außerdem gibt es verschiedene Bademöglichkeiten und gute Restaurants mit dalmatinischen Spezialitäten.

Auskunft: Touristeninformation Cavtat: Zidine 6 (Südseite von Šetalište Rat | Tel. 0 20/47 90 25 | www.visit.cavtat-konavle.com

Die Inseln

KORČULA F–G5

17 000 Einwohner

Das milde Klima, die paradiesischen Strände und nicht zuletzt die historische Altstadt von **Korčula-Stadt** locken bis heute Touristen aus aller Welt auf diese Insel. Die Kombination aus eindrucksvoller Natur, Architektur und Kultur macht Korčula so beliebt. Vor vielen Tausend Jahren war die Insel bereits von den Illyrern besiedelt. Als sie von den Griechen kolonialisiert wurde, gab man ihr den Namen Korkyra Melaina, woher sich auch ihr heutiger Name ableitet. Korčula ist auch eine Insel hochwertiger Weine, und sie ist reich an grüner Natur. Hier findet man unzählige Weinberge und Olivenhaine sowie Kiefern, Zypressen, Pinien, Palmen und Macchia. Hier gedeihen Orangen, Mandarinen, Zitronen, Granatäpfel und Feigen. Korčula kann mit attraktiven Stränden und Buchten aufwarten. Der **Schwerttanz Moreška** gehört zum traditiollen Erbe und ist international bekannt (→ S. 49). Aber vor allem anderen hat die gleichnamige Stadt die Insel bekannt gemacht. Von einer mächtigen Festungsanlage samt mittelalterlichen Türmen wird die Stadt Korčula umrahmt. Sie versprüht damit einen mittelalterlichen Zauber, dem man sich kaum entziehen kann. Alles in allem ist es nicht verwunderlich, dass diese malerische Insel seit langer Zeit internationale Künstler inspiriert.

Orte auf Korčula

 MERIAN TOP 10

KORČULA (GRAD) STADT G5

5600 Einwohner

Die **Altstadt von Korčula** liegt auf einer Halbinsel auf der gleichnamigen Insel. Auf authentische Weise bekundet diese Altstadt ihre historische Bedeutung – die Plätze, Gassen und die wuchtige Befestigungsanlage sind in stimmungsvoller Harmonie vereint. Anfang des 13. Jh. wurde mit dem Bau der Stadtmauer begonnen. Zwischen 1420 und 1797 beherrschte Venedig die Insel. Auf dem Höhepunkt ihrer Blütezeit befand sich die Stadt Korčula im späten Mittelalter, als aufgrund der guten Wirtschaftslage mehr Menschen in Korčula lebten als heute. Der Mailänder Peter Casola äußerte sich im 15. Jh. über die Stadt: »Korčula ist geschliffen wie ein schönes Juwel.« Interessant ist die Struktur der Altstadt. Die Gassen wurden nach einem Fischgrätmuster angelegt, damit die Häuser im Sommer einander Schatten spenden und im Winter vor starken Winden geschützt sind. Der Ausblick auf Pelješac und die monumentalen Felsen des Sveti Ilija verleihen dem Besuch in der Stadt Korčula einen zusätzlichen Reiz.

Sehenswertes

MARCO-POLO-HAUS (KUĆA MARKA POLA)

Auch wenn der Geburtsort des berühmten Handlungsreisenden nicht eindeutig belegt ist: Die Korčulaner sind sich sicher, dass Marco Polo hier geboren wurde. Dass er sich zu Lebzeiten als Venezianer bezeichnete, ist schlüssig, da Korčula zu jener Zeit unter Herrschaft der Republik Venedig stand. Auch gibt es Hinweise darauf, dass seine Familie aus Dalmatien stammt. Es sprechen also mehrere Indizien dafür. In Italien wiederum sieht man das anders. Auch bestehen bis heute Zweifel darüber, ob Marco Polo überhaupt in China war. Es hätten ihm Dinge auffallen müssen, die zu jener Zeit für einen Europäer sensationell gewesen wären (Chinesische Mauer, Schießpulver, Buchdruck, Schriftzeichen …). Andererseits ist die Mehrheit der Historiker überzeugt davon. So oder so: Der Handlungsreisende Marco Polo ist als Held in die Geschichte eingegangen, als habe er die Welt aus den Angeln gehoben. Der Besuch des Marco-Polo-Hauses – von dem noch die Außenmauern übrig sind – ist allein schon wegen der Aussicht lohnend, die man vom Turm aus hat.

Ulica Depolo 1 | April–Juni, Sept., Okt. 9–15, Juli, Aug. 9–21 Uhr | Eintritt 20 Kn

KATHEDRALE DES HEILIGEN MARKUS (KATEDRALA SVETOG MARKA)

Das beeindruckende Bauwerk samt seines hohen Glockenturms steht auf dem höchsten Plateau der Altstadt und überragt alle anderen Gebäude. Erbaut wurde die Kathedrale während des 15. und 16. Jh. im Stil der Spätgotik und Renaissance. Wie so häufig zu jener Zeit, entstand die Kirche auf dem Platz einer alten Kirche, die dem neuen Bau weichen musste. An der Errichtung der Kathedrale waren zahlreiche Baumeister, Steinmetze und Künstler aus Korčula, Dubrovnik und Italien beteiligt. Das Hauptportal wird von den Figuren Adam und Eva geschmückt, die jeweils einen Löwen tragen. Es stammt vom Mailänder Bildhauer Bonino. Der Korčulaner Steinmetz Marko Andrijić schuf den Turm, die Kuppel sowie den Altaraufbau. Kunsthistorisch bedeutsam ist das Gemälde hinter dem Altar. Es zeigt die drei Heiligen Hieronymus, Bartholomäus und Markus (Marko), den Schutzpatron der Stadt. Das Gemälde schuf der Venezianer Tintoretto Mitte des 16. Jh.

Trg svetog Marka | Sommer Mo–Sa 9–19 Uhr, sonst verkürzt | Eintritt Kathedrale 25 Kn, Glockenturm 25 Kn

SCHATZKAMMER DER ABTEI (OPATSKA RIZNICA)

Direkt neben der Kathedrale, im ehemaligen Bischofspalast, befindet sich die Schatzkammer der Abtei. Das Polyptychon ist ein Werk des dalmatinischen Künsters Blaž Jurjev Trogiranin aus dem 15. Jh. Ausgestellt sind außerdem Silber- und Goldschmiedearbeiten, Porzellan, Messgewänder sowie Originalskizzen von Leonardo da Vinci. Unter den Büchern und Manuskripten befindet sich das Gesetzbuch Korčulas aus dem Jahr 1214.

Trg svetog Marka | Sommer Mo–Sa 9–19 Uhr | Eintritt 25 Kn, mit dem Ticket der Kathedrale ist der Eintritt frei

STADTMUSEUM (GRADSKI MUZEJ)

Der Palast aus dem 16. Jh. beherbergt heute das Stadtmuseum. Es gewährt einen guten Einblick in die Kultur und wirtschaftliche Entwicklung Korčulas. Hier wird die Bedeutung der Steinmetzkunst und des Schiffbaus deutlich, die der Insel einen wirtschaftlichen Aufschwung brachte. Die Exponate aus den Werkstätten wie auch Haushaltsgegenstände aus früheren Zeiten sind ein interessanter Teil der Sammlung. Ein Schmuckstück des Museums ist auch das Piano von Edith Streicher aus dem frühen 19. Jh., einer Freundin Beethovens.

Trg svetog Marka 2 | Tel. 0 20/71 14 20 | www.gm-korcula.com | Okt.–März tgl. 10–13, April–Juni tgl. 10–14, Juli–Sept. tgl. 9–21 Uhr | Eintritt 20 Kn

IKONENMUSEUM (MUZEJ IKONA)

Die Kirche der Bruderschaft der Allerheiligen (Bratovština Svih Svetih) birgt eine Ikonensammlung, die Hauptbestandteil des Museums ist. Die elf Ikonen aus dem 14. und 17. Jh. stammen von der griechischen Insel Kreta und gelangten im 17. Jh. nach einer Seeschlacht in den Besitz Korčulas.

Kaporova bb | Tel. 0 20/71 13 06 | www.bssko.com | Mo–Sa 9–14 Uhr | Eintritt 20 Kn

Übernachten

Komfortabel
HOTEL KORSAL

Mit Sinn für modernen Komfort ist dieses Viersternehotel ausgestattet. Es liegt am Stadtstrand Banje und ist nur zehn Gehminuten von der Altstadt entfernt. Die Doppel-, Mehrbett- und Einzelzimmer bieten entweder einen Ausblick aufs Meer oder auf den Garten. Zum Hotel gehört auch ein Restaurant mit Terrasse.

Šetalište Frana Kršinića 80 | Tel. 0 20/71 57 22 | www.hotel-korsal.com | 11 Zimmer | €€€€

Wer zu Tee oder Kaffee gern Süßes nascht, ist im Cukarin in Korčula goldrichtig: hier das Johannisbrotgebäck »Harubica« mit Marmeladenhaube und Orangenschale.

Essen und Trinken

12 MERIAN EMPFEHLUNG

Unwiderstehlich
CUKARIN

Nach alten und regionalen Rezepten werden die Kuchen und Kekse gebacken. Alles ist liebevoll gestaltet und dekoriert, sowohl auf den Tellern als auch im Laden selbst. Unbedingt probieren sollte man Marko Polo Bombica (Marco-Polo-Bömbchen). Das sind (Kalorien-)Bömbchen, die in Form einer Kanonenkugel hergestellt werden, mit Sahne, gemahlenen Nüssen und großzügig Schokolade drumherum. Dafür sind sie glutenfrei. Immerhin! In den Regalen findet man aber auch Wein, Olivenöl und Marmeladen, alles mit regionalen Inhaltsstoffen.
Ulica Hrvatske bratske zajednice bb | Tel. 0 20/71 10 55 | www.cukarin.hr | Mo–Sa 8.30–12, 17–20 Uhr | €€

Wohlfühlort
BOKAR WINE & FOOD BAR

In der kleinen Weinbar berät das professionelle, freundliche Personal kundig zu verschiedenen regionalen Weinen. In der ruhigen Seitengasse direkt in der Altstadt lässt es sich gut entspannen. Dazu noch Schinken, Käse, Oliven und Brot als Begleitung zum Wein. Eine Oase der Ruhe und des Geschmacks.
Ulica svetog Roka 15 | Tel. 0 99/ 4 04 10 52 | tgl. 12–24 Uhr | €€–€€€

LUMBARDA G5

1200 Einwohner

Der ehemals beschauliche Küstenort ist heute vor allem in den Sommermonaten sehr gut besucht. Er liegt ca. 6 km südöstlich von Korčula-Stadt. Auf den Sandböden werden die Trauben für den berühmten und seltenen **Weißwein Grk** angebaut. In der Nähe des Ortes wurde 1877 eine Steintafel gefunden, die aus der Zeit der griechischen Kolonialisierung stammt (aus dem 3. oder 4. Jh. v. Chr.). Das Original befindet sich im Archäologischen Museum in Zagreb, eine Kopie des 30 × 15 cm großen Fundes kann man im Stadtmuseum in Korčula besichtigen. Lumbarda ist wegen seiner Buchten und Strände zu einem der Lieblingsorte der Insel geworden. Begehrt sind die **Sandstrände Bilin žal** und **Vela Pržina.** Ersterer ist ein kleinerer Sandstrand, während Vela Pržina, der gut 1 km südöstlich von Lumbarda liegt, um einiges mehr an Kapazitäten bietet. Sehr idyllisch liegt dieser Sandstrand in einer Bucht. In Lumbarda zu übernachten ist grundsätzlich eine gute Idee, denn die hübschen Unterkünfte haben moderate Preise und werden auf herzliche Art von privater Hand geführt.

Sehenswertes

IM VORBEIGEHEN ENTDECKT

KIRCHE BEI LUMBARDA

In Lumbarda, zwischen den Stränden Bilin žal und Vela Pržina, findet man eine ungewöhnliche, winzige Kirche. Sie steht mitten auf einem Feld in einer Art Kreisverkehr. Aus Norden führen zwei Straßen zu ihr, von Osten ebenfalls, und von Westen stößt man auf der Straße von Lumbarda direkt auf das Kirchlein. Eine Treppe führt zur Kirche hinauf, da die »Kircheninsel« auf einer bepflanzten Anhöhe steht. Umgeben ist sie von einer Steinmauer, ihr Dach hat durch die waagerecht verlaufenden Enden einen leicht chinesischen Touch. Errichtet wurde die Kirche im Jahr 1774. Im Jahr 1881 wurde sie vergrößert und die Loggia ausgebaut.

SMOKVICA UND ČARA G5

1000 und 600 Einwohner

Wer einen Ausflug ins Landesinnere machen möchte, fährt durch größtenteils bewaldetes Hügelland zu den Ortschaften Smokvica (kleine Feige) und Čara. Von hier stammen die **Weißweine Pošip** und **Rukatac**. Beide Orte sind beschaulich und noch recht ursprünglich. Viele der Einwohner leben noch heute allein vom Oliven- und Weinanbau. Es gibt dementsprechend mehrere Weinkeller, die man für Kostproben besuchen kann. Auch empfiehlt es sich, sollte man es noch vorhaben, das Olivenöl aus privater Produktion hier zu erwerben. Normalerweise herrscht kein Trubel, trotzdem werden die Orte manchmal von Touristen besucht, weshalb alles gut ausgeschildert ist. In Smokvica und Čara gibt es ein paar Cafés und Konobas, aber nur wenige Übernachtungsangebote. Für einen kleinen Ausflug sind sie sehr empfehlenswert.

BLATO F5

3500 Einwohner

Gelegentlich wird Blato im Sommer von Touristen besucht. Es liegt eingebettet in ein grünes Tal. In der Umgebung werden Oliven angebaut – das Olivenöl aus der Gegend von Blato gilt als besonders aromatisch und kräftig. Unter den Sehenswürdigkeiten verdient eine **Allee aus Lindenbäumen** eine Erwähung. Sie zieht sich mitten durch die Orschaft und ist natürlich besonders im Frühling und Sommer schön anzusehen.

Prominentestes Bauwerk ist die **Loggia** nahe der Pfarrkirche, die aus dem 14. Jh. stammt. Im Mittelalter fanden in der Loggia Sitzungen der örtlichen Adligen statt. Es wurden Urteile gesprochen, Handelsverträge besiegelt und Beratungen der Bruderschaften von Blato abgehalten. Wer zufällig am 28. April die Insel Korčula besucht, sollte sich keineswegs in Blato das **Patronatsfest der Sveta Vicenca** entgehen lassen. Schon in der Woche vor dem 28. erfüllen Trubel und Betriebsamkeit die sonst recht ruhige Ortschaft. Das Ritterspiel Kumpanija wird mit Schwerttanz und Trommeln in traditionellen Kostümen aufgeführt. Am 28. selbst gibt es eine große Prozession.

Auf der Insel Sušac im Naturpark Lastovo hat man beim Urlaub im Leuchtturm die Insel fast für sich allein – neben einem Leuchtturmwärter, Schafen und Schäfer.

NATURPARK LASTOVO F/G6

790 Einwohner (Insel Lastovo)

Die Insel Lastovo steht für Ruhe und Gelassenheit, fernab von Touristenmassen. Die Wahrscheinlichkeit ist hoch, einen Strand ganz für sich zu haben. Es gibt weder Partys noch Nachtleben. Dabei ist es nachts nicht weniger schön, denn selten kann man so deutlich den Sternenhimmel sehen wie hier. Lastovo mit der Inselgruppe von Lastovo (Lastovsko otočje) ist seit 2006 ein Naturpark. Besucher mit Boot bezahlen im Hafen von Ubli je nach Größe des Bootes eine Gebühr (Preisliste: www.pp-lastovo.hr). Im Archipel ist man im wahrsten Sinne eins mit der Natur. Von der weit im Westen gelegenen **Insel Sušac** mit dem imposanten Leuchtturm bis Glavat im Osten reicht das kleine Paradies. Der Lastovo-Archipel umfasst 46 Inseln und Felsen. Die größten davon sind die Hauptinsel Lastovo und Sušac. Die Gesamtfläche der Inseln beträgt 53 km², die Meeresfläche ist 143 km² groß.

Von Split aus erreicht man **Lastovo** mit dem Katamaran in zwei Stunden, mit der Fähre in vier bis fünf. Von Dubrovnik aus ist es deutlich kürzer. Bis 1989 war Lastovo militärisches Sperrgebiet. Die Insulaner haben sich längst an ihren Sonderstatus gewöhnt, so weit weg vom Festland. Dabei war die Insel schon während der Steinzeit besiedelt, wie Funde in der Höhle Rača zeigten. Vom Tourismus lebt man auf Lastovo nicht, dafür sind es zu wenige Besucher. Fischfang und Landwirtschaft sichern den Bewohnern die Existenz. Lastovo ist 40,8 km² groß und 9,8 km lang und die einzige bewohnte Insel im Archipel. Wer die Natur, das Meer und die Ruhe im Urlaub möchte, ist hier genau richtig.

Sehenswertes

SCHORNSTEINE (FUMARI)

Im Ort **Lastovo** sind die Schornsteine für ihre Einzigartigkeit bekannt. Die Häuser stammen teils aus dem späten Mittelalter und der frühen Neuzeit. Die Schornsteine werden im hiesigen Dialekt *fumari* genannt. Sie unterscheiden sich oftmals voneinander, sind sich aber in ihrer Konstruktion und Funktionalität sehr ähnlich und äußerst durchdacht gebaut: Durch eine besondere Art der Rauchkappe schützten sie vor Bränden, die runde Bauart ließ den Rauch besser abziehen. Oft wird behauptet, dass die Bewohner aus Prestigegründen wetteiferten, den eindrucksvollsten Schornstein im Dorf zu haben. Es ist zwar nicht auszuschließen, dass es solche Angeber gegeben hat, doch liegt der Ursprung der Schornsteine in seiner intelligenten Bauweise und der damit verbundenen Nützlichkeit.

KIRCHEN

Auf engstem Raum: Auf der Insel Lastovo gibt es 38 Kirchen, die ältesten stammen aus dem 11. Jh. Auch im Ort Lastovo sind mehrere Kirchen zu besichtigen. Aus Stein errichtet, hat jede einzelne von ihnen ein spezielles Aussehen.

Übernachten

Robinson-Urlaub
LEUCHTTURM AUF SUŠAC

Wer für ein paar Tage vollkommene Abgeschiedenheit erleben möchte, könnte sich hier wohlfühlen. Hoch auf einem Felsen thront der Leuchtturm. Ein Wächter ist anwesend, für Proviant muss selbst gesorgt werden. Die Apartments sind für vier bzw. sechs Personen, die Ausstattung ist einfach, bietet aber alles, was man benötigt. Buchung über kommerzielle Anbieter.

Ruhig & günstig
APARTMANI BRUNA

Das Haus liegt auf der Insel Prežba, die mit dem Ort Pasadur auf Lastovo durch eine kleine Brücke verbunden ist. Am anderen Ende der Brücke befindet sich das Dreisternehotel Solitudo. Pasadur ist vom Hafen Ubli ca. 2,5 km entfernt. Die Apartements sind zweckmäßig eingerichtet und überzeugen durch ihre Größe, Sauberkeit, einen Balkon, die ruhige Lage und eine nette Gastgeberin.

Prežba, Prežba 3 (Pasadur) | Tel. 0 98/1 85 84 82 | www.lastovo-bruna.com | 4 Apartments | €

Schöner Ausblick
APARTMENTS KLARA

In der idyllischen Bucht von Skrivena Luka im Süden von Lastovo findet sich diese empfehlenswerte Unterkunft. Geräumig und recht gemütlich sind die Apartments, die Gastgeber nett und zuvorkommend. Wunderbar ist der Ausblick aufs Meer und den Leuchtturm Struga von den Balkonen. Ein Strand liegt nur 10 Min. Fußweg entfernt.

Lastovo, Portorus 80 (Skrivena Luka) | Tel. 0 98/89 14 07 | www.lastovo.net | 4 Apartments | €€

Essen und Trinken

Oase auf der Insel
KONOBA MRČARA

Westlich von Lastovo liegt die Insel Mrčara. An der Ostseite gibt es die gleichnamige Konoba. Die Karte ist übersichtlich, aufgetischt wird hauptsächlich Fisch. Die Konoba Mrčara ist eine einfache, aber empfehlenswerte Adresse zur Stärkung oder auch nur zur Erfrischung. Die Betreiber des Lokals bieten auch Unterkünfte in Holzhütten an.

Mrčara | Tel. 0 98/32 82 38 | www.lastovo-mrcara.com | €€

Ein Original
TAKO TO MORA BIT

Der Gastwirt zelebriert und serviert Traditionelles, und dabei folgt er dem Motto: »So muss das sein« – der Name des Restaurants. Das kommt gut an, eine Reservierung ist daher erforderlich. Nach altbewährten Rezepten gibt es Fleisch, Fisch und Gemüse. Schmackhaftes Essen in rustikaler Atmosphäre mit freundlichem Gastgeber zu fairen Preisen: So muss das sein!

Lastovo, Svetog Antuna 5 (Ort Lastovo) | Tel. 0 91/5 51 81 05 | tgl. 18–24 Uhr | €€–€€€

Einkaufen

Bio aus Lastovo
PRIJATELJI LASTOVA
Dass Frau Krnčević ihre Leidenschaft zum Beruf gemacht hat, merkt man deutlich. Aus ihrem Betrieb Prijatelji Lastova (Freunde Lastovos) kommen Olivenöl, feine Liköre, Trockenfrüchte, Feigenmarmelade mit Dessertwein … Heimische Produkte, deliziös und hübsch verpackt.

Lastovo, Sv. Vicenac 10a (Ort Lastovo) oder Hotel Solitudo (Pasadur) | Tel. 0 95/3 68 39 84 | www.opg-darinkakrnčević.hr

Aktivitäten

Gigantisch
TAUCHEN
Der ganze Archipel ist ein wunderbares Tauchrevier. Besonders sehenswert ist Bijelac, das als Insel bezeichnet wird. Es liegt westlich von der Insel Kopište. Genau genommen ist Bijelac eine weiße Klippe; daher der Name (*bijelac* = Weißer). Oberhalb des Wassers sieht die Klippe unspektakulär aus, unterhalb ist sie über 60 m tief. Nach rund 10 m teilt sich die Klippe, und eine Öffnung tut sich auf. Hier kann man eine faszinierende Unterwasserwelt erleben. Weniger erfahrene Taucher sollten sich an eine Tauchschule wenden, da hier manchmal Strömungen herrschen können.

Diving Center Ankora | Lastovo, Zaklopatica 46 | Tel. 0 20/80 11 70 | www.lastovo-diving-ankora.com

Von Ort zu Ort
WANDERN
Die Insel Lastovo kann man auch hervorragend zu Fuß erkunden. Die Orte sind über Asphaltstraßen miteinander verbunden. Es gibt viele schöne Wanderwege, die gut ausgeschildert sind. Vorschläge für Wanderrouten gibt es unter www.pp-lastovo.hr (bei »Activities« auf »Walking« klicken). Besonders empfehlenswert ist eine Wanderung auf den höchten Berg der Insel. Von Ubli aus sind es nur 5 km. Offiziell heißt der Berg Hum, wird von den Insulanern aber Hom genannt (auch auf den Wegweisern). Auf einer Höhe von 417 m hat man eine wunderbare Aussicht – tagsüber auf die Adria, abends auf den Sonnenuntergang – und nachts hat man einen grandiosen Blick auf den Sternenhimmel.

181

Strände

Teils Stein, teils Sand
SAPLUN
Nordöstlich von Lastovo findet man auf der Insel Saplun einen schönen Strand, im Nordteil der Insel. Die Bäume spenden natürlichen Schatten. Der Strand besteht aus kleineren und größeren Steinen.

Wilde Bucht
KORITA
Im Norden der Insel Lastovo liegt die Ortschaft Zaklopatica. Und wiederum westlich dieses Ortes liegt die Bucht Korita. Natürlicher Schatten ist vorhanden. Es ist eine steinige, felsige Bucht, sie trifft womöglich nicht jedermanns Geschmack. Häufig hat man dieses Plätzchen für sich allein, besonders vormittags.

Ausflüge

Mobil sein
MIT BOOT ODER FAHRRAD
Wenn man mehrere Tage auf Lastovo bleibt, sollte man nicht die Gelegenheit versäumen und den Archipel per Boot kennenlernen. Die Insel Lastovo alleine lässt sich bestens mit dem Rad oder Scooter erkunden. Es gibt zwar auch einen Rent-a-car-Service, doch reichen auf der überschaubaren Insel zwei Räder völlig aus. Die Touristeninformation im Ort Lastovo ist diesbezüglich wohl der beste Ansprechpartner und kann Besuchern die entsprechenden Adressen empfehlen.

Auskunft: Turistička zajednica | Lastovo, Pjevor 7 (Ort Lastovo | Tel. 0 20/80 10 18 | www. tz-lastovo.hr

MLJET H6
1100 Einwohner

Die Griechen nannten die Insel *melite nesos* (Honiginsel), aufgrund der damals hohen Bienenpopulation. Griechische Amphoren und Wracks liegen bis heute auf dem Meeresgrund in der Nähe von Mljet. Aus römischer Zeit sind die Überreste eines Palasts in **Polače** zu sehen. Nach dem Diokletianspalast in Split ist es der zweitgrößte Palast auf dalmatinischem Boden. Die Römer errichten eine Therme, Basiliken, Arsenale und eine Werft. Die Ruinen sind bis heute sichtbar und über die

Der Salzsee Veliko Jezero auf der Insel Mljet ist über einen Kanal mit dem Meer verbunden. Mönche nutzten hier Strömungen für eine Mühle zur Salzgewinnung.

Insel verstreut. Mit Galeeren wurden damals die wertvollen Produkte der Insel exportiert: Salz, Olivenöl, Wein, Honig, Fleisch, Käse, Trocken- und Salzfisch. Die Bevölkerung lebt heute von Landwirtschaft, Tourismus, Weinanbau und Fischfang, auch Meeraal und Hummer spielen eine bedeutende Rolle. Mljet ist eine Insel der Vegetation, der Höhlen, Buchten – und Mungos. Einige Exemplare wurden 1910 aus Asien importiert, weil es zu viele Giftschlangen gab. Die gibt es heute nicht mehr, doch dafür noch ziemlich viele Mungos.

In den Sommermonaten ankern nicht wenige Boote vor Mljet. Manche Besucher verbringen ihren gesamten Urlaub auf der ruhigen Insel, um Abstand vom stressigen Alltag zu finden. Neben Lastovo ist es die grünste Insel des Landes. Mljet ist 98,2 km² groß und 37 km lang. Über 70 % der Fläche sind bewaldet. Aleppokiefern, Steineichen, Pinien, Oliven- und Johannisbrotbäume wachsen hier reichlich. Ebenso Kräuter: Myrte, Lorbeer oder Salbei. Häfen liegen in Polače und Sobra, die Hauptattraktionen sind die beiden **Salzseen** des Nationalparks und die **Odysseus-Höhle** bei **Babino polje.** Auf Mljet gibt es 18 Dörfer und Weiler. Mit Scooter, Fahrrad, Mountainbike oder zu Fuß lassen sich die Ortschaften erkunden, oftmals trifft man dabei kaum einen Menschen. Per Boot kann man nicht nur die kleinen Buchten ansteuern, sondern auch die Inseln nahe Mljet.

Orte auf Mljet

13 MERIAN EMPFEHLUNG

GROSSER UND KLEINER SEE
(VELIKO I MALO JEZERO) H6

Die beiden Salzseen sind sowohl in geologischer als auch meeresbiologischer Hinsicht ein Phänomen. Vor 10 000 Jahren waren die heutigen Salzseen eine Talmulde, gefüllt mit Süßwasser. Das änderte sich durch das Ansteigen des Meeresspiegels. Durch unterirdische Kanäle ist der große See mit dem offenen Meer verbunden sowie mit dem kleinen See. Der Wasserspiegel der Seen hängt von den Gezeiten ab. Erfreulich für Touristen ist die Tatsache, dass man in den Salzseen baden kann.

Der große See hat eine Fläche von 145 ha, eine Uferlänge von über 9 km und ist 47 m tief. Im See befindet sich die kleine **Insel Sveta Marija** mit dem gleichnamigen Benediktinerkloster aus dem 12. Jh. Vom Ufer des Veliko jezero kann man sich zur Klosterinsel bringen lassen und dort das idyllische Ambiente sowie die Blicke über See und Landschaft genießen. An der Anlegestelle (Pristanište) des großen Sees fahren die Boote ab. Die Überfahrt dauert nur wenige Minuten. Die Mönche haben früher zur Salzverarbeitung eine Mühle am großen See betrieben. So kam die Siedlung **Soline** zu ihrem Namen.

Der kleine See hat eine Fläche von 24 ha, eine Uferlänge von 2,6 km und ist 29 m tief. Beide Seen sind um mehrere Grad wärmer als das Meer und werden großzügig von Kiefernbäumen umrahmt. Sie weisen einen großen Fischreichtum auf, auch seltene und endemische Arten sind darunter. Mehrere Muschelarten, wie z. B. Jacobsmuscheln, aber auch die seltene Edle Steckmuschel. Auch Krebse, Schwämme und Seesterne leben hier. Sogar die rare Steindattel und die autochthone *Medusa Aurelia relicta*, eine Quallenart, die einen halben Meter groß werden kann, aber für Menschen ungefährlich ist.

Auskunft: Nationalpark Mljet, Pristanište 2 (Goveđari) | Tel. 0 20/74 40 41 | www.np-mljet.hr | Eintritt Juni–Sept. 125 Kn, ermäßigt 70 Kn, sonst 70 Kn, ermäßigt 50 Kn

Übernachten

Ruhig
VILLA BJELAC

In der kleinen Siedlung Soline liegt das Dreisternehaus, unmittelbar am großen See. Die Einrichtung ist schlicht, der Blick von der Terrasse umwerfend. Die Villa wird freundlich und engagiert von privater Hand geführt.

Soline bb | Tel. 0 20/74 40 32 | www.mljetferien.com | 4 Zimmer + 4 Apartments | €€

Essen und Trinken

Delikater Fisch
KONOBA HERC

Die dalmatinischen Spezialitäten werden bestens zubereitet. Sämtliche Fischgerichte und die Weinauswahl sind hervorragend. Es gibt schöne Außenplätze, die teils überdacht und teils freistehend sind, direkt am Meer.

Pomena bb | Tel. 0 20/ 74 41 51 | tgl. 10–24 Uhr | €€€

Aktivitäten

Zu den alten Schiffswracks
TAUCHEN

Das Tauchzentrum in Pomena ist auch eine Tauchschule und bietet die verschiedensten Tauch- oder Schnorchelziele, Wracktauchen oder auch Ausflüge mit dem Boot zum Hochseefischen.

Pomena bb | Tel. 0 98/47 99 16 oder 0 91/7 67 71 90 | www.aquatica-mljet.hr

Panoramablick vom Montokuc
WANDERN

An der Ostseite des großen Sees (am Parkplatz des Nationalparks) beginnt ein Wanderweg zum **Berg Montokuc.** Auf einer Höhe von 256 m kann man rundum die Aussicht genießen. Der Weg dorthin ist gut ausgeschildert und dauert ca. 45 Min. Der letzte Streckenabschnitt ist etwas anspruchsvoller.

Auf dem Wasser oder über Land
BOOTS- ODER FAHRRADTOUR

An der kleinen Brücke (Mali most) zwischen kleinem und großem See kann man Boote, Kanus und Kajaks ausleihen. Wer doch lieber an Land bleibt: Auch ein Rent-a-bike-Service ist Teil des Angebots.

Radulj Tours | Tel. 0 98/1 76 70 48 | www.radulj-tours.com

Wie schon Odysseus können auch heute viele Touristen dieser Karsthöhle auf der Insel Mljet nicht widerstehen. Den Zugang vom Meer kann man leicht übersehen.

BABINO POLJE H6

270 Einwohner

Der Ortsname »Großmutters Feld« soll auf eine Schenkung des Fürsten Desa zurückgehen. In der Absicht, die Insel zu erobern (ca. im Jahr 1150), erteilte ihm eine alte Frau weise Ratschläge, die ihm zum Erfolg verhalfen. Daraufhin beschenkte er sie mit einem fruchtbaren Stück Land.

Sehenswertes

14 MERIAN EMPFEHLUNG

ODYSSEUS-HÖHLE

Mit der Höhle ist eine Legende verbunden: Odysseus soll nach einem Schiffbruch auf Mljet gestrandet sein. Die Nymphe Kalypso habe ihn umgarnt und in die Höhle gelockt. Hier sollen sie gemeinsam sieben Jahre verbracht haben. Die Einheimischen nennen diese Touristenattraktion seit jeher *jama* (Grube). In die Höhle kann man schwimmen oder mit einem (kleinen!) Boot hineinfahren – beides erfordert Vorsicht und Rücksichtnahme. Die Meerestiefe innerhalb der Höhle beträgt ca. 9 m. Hier drinnen ist es dunkel; nur mittags wird das Wasser durch die Sonnenstrahlen erleuchtet. Neben dem Seeweg kann man zur Höhle aber auch vom Festland aus gelangen. Sie liegt südlich von Babino polje. An der Straße sind Wegweiser aufgestellt, etwa 15 Min. muss man zu Fuß zurücklegen. Diese Strecke ist beschwerlich. Wegen der Unebenheiten und des steilen Abstiegs empfiehlt es sich unbedingt, feste Schuhe oder Sneakers zu tragen.

Essen und Trinken

Stammlokal der Einheimischen
CAFFE BAR KOMARAC
Hier treffen sich die Insulaner gerne auf einen Plausch, zum Lachen, Lamentieren und Freundetreffen. Hin und wieder gesellen sich auch Touristen hinzu und genießen den Ausblick, den man von hier aus hat. Im Komarac (Mücke) gibt es Kaffee und Getränke aller Art, aber keine Snacks.
Sršenovci 44 | Tel. 098/728532 | 8–14, 16–24 Uhr | €

Aktivitäten

Wandern mit Aussicht
VELIKI GRAD (AUCH »VELJI GRAD«)
Der höchste Gipfel der Insel ist 514 m hoch. Babino polje ist der beste Ausgangspunkt, um den Berg zu erklimmen.

Im oberen Teil des Ortes gibt es Wegweiser zum Auftsieg. Von oben hat man eine wundervolle Aussicht. Die Wanderroute ist ziemlich anspruchsvoll und führt über schmale Pfade, verwilderte und steile Teilstrecken.

Strand

Abgelegen
SUTMIHOLJSKA
Das südöstliche Ende der Insel ist wegen der Sandstrände beliebt, doch bieten die kleinen Buchten mit Kiesstränden mindestens ebenso viel Flair. Der Kiesstrand in der Bucht Sutmiholjska ist nur selten stark frequentiert und bietet eine schöne Kulisse. Es gibt keine Schattenplätze oder Serviceeinrichtungen!
Vom Ortszentrum von Babino polje wenige Kilometer in westlicher Richtung

Baden, staunen, wandern ... das alles kann man im Nationalpark Krka – nur so alleine wie hier auf dem Bild ist man selten.

WANDERUNGEN UND AUSFLÜGE

INSELTRIP

Abstecher auf die Insel Lokrum – eine Zeitreise auf der Garteninsel

Von der Ferne betrachtet, sieht Lokrum wie ein bewaldetes Eiland aus. Doch ist die Insel nicht nur ein Rückzugsort aus dem trubeligen Dubrovnik, sondern bietet auch verschiedene Attraktionen: Lokrum ist ein landschaftliches, archäologisches und architektonisches Juwel.

Start: Dubrovnik (Faltkarte: J6) **Charakteristik:** Bootstour vom Hafen in Dubrovnik, anschließend Spaziergang auf der Insel **Dauer:** Halbtagesausflug (mit Badeaufenthalt oder Besichtigung der Festung entsprechend länger) **Länge:** ca. 1,5 km vom Süd- bis zum Nordteil **Einkehrtipps:** Lacroma Restaurant, Lokrum, Tel. 0 99/4 16 61 71, www.lacroma.restaurant, Sommer tgl. 9–20 Uhr, €€€, oder Snackbar Lacroma links vom Hafen

ÜBERFAHRT

Am Ende des Stradun in Dubrovnik befindet sich der alte Hafen, von wo aus die Boote nach Lokrum ablegen. Dort kauft man direkt die Tickets. Die Boote fahren regelmäßig, auch in der Nebensaison. Die Überfahrt dauert ca. 15 Min.

INFO & ANKUNFT

Links vom Hafen ist der Südteil, rechts der Nordteil der Insel. Direkt beim Ausstieg hat man die Möglichkeit, einen Blick auf die Karte Lokrums zu werfen und sich zu orientieren. Die gesamte Insel ist ein Naturschutzgebiet und gut mit Wegweisern ausgestattet. Aber es gibt keine Übernachtungsmöglichkeiten. Spätestens mit dem letzten Boot (Fahrplan am Hafen) muss die Insel verlassen werden. Mithilfe von Kameras, die verteilt auf der Insel angebracht wurden, wird das kontrolliert. Das Rauchen ist auf dem gesamten Areal verboten. In der Serie

Die Insel Lokrum vor der Altstadt von Dubrovnik wird im Sommer auch als Bühne für Theater- und internationale Konzertveranstaltungen genutzt.

»Game of Thrones« stellt Lokrum die Stadt Qarth dar. Zu sehen sind u. a. der Sommerpalast von Erzherzog Maximilian I., das Benediktinerkloster, die Gärten und die Festung.

Auch wenn in der Hochsaison viele Touristen einen Ausflug hierher machen, hält sich der Trubel meistens in Grenzen. Besonders frühmorgens kann man Lokrum am besten auskosten.

BADEMÖGLICKEITEN

Vor allem im Süden der Insel hat man mehrere Möglichkeiten zur Erfrischung. Im südwestlichen Teil kann man baden, sofern man ein Faible für den rauen Charme einer felsigen Steilküste hat. Eine Besonderheit sind die hellen Dolomitfelsen, die vor 85 Millionen Jahren entstanden sind und stufenförmig mit Einbuchtungen und Wasserpfützen zum Meer hin abfallen.

Ganz in der Nähe findet sich ein ganz besonderer Badeplatz: **Mrtvo more,** das Tote Meer. In einer Senke inmitten von Bäumen liegt dieser seichte Salzwassersee zwischen Felsen, der unterirdisch mit dem Meer verbunden ist. Weiter im Südosten der Insel ist ein FKK-Bereich mit felsiger und rauer Küste.

Unzählige frei laufende Pfaue (und Kaninchen) gibt es auf Lokrum. Auf die zutraulichen Tiere stößt man bei einem Spaziergang durch das Waldreservat überall.

GÄRTEN

Lokrum ist reich an Zypressen, Pinien, Eichen, Kiefern, Palmen und Olivenbäumen. Links des Hafens (Südteil der Insel) findet man zwei interessante Gärten. **Maksimilijanovi vrtovi (Maximiliansgärten)** und **Botanički vrt (Botanischer Garten).** Den Grundstein für die Gärten legten die Benediktinermönche. Aufzeichnungen aus dem 15. Jh. belegen, dass die Gärten gepflegt und üppig waren. Zwischen 1859 und 1867 war die Insel im Besitz des Habsburgers Maximilian I. Hinsichtlich Vegetation und Architektur war dies ein bedeutender Zeitabschnitt für Lokrum. Während dieser Periode wurden viele außergewöhnliche Pflanzen angesiedelt, was besonders im Botanischen Garten deutlich wird. Hunderte von Pflanzenarten und Kräuter gedeihen hier, regionale und exotische.

KLOSTER UND KIRCHE

Archäologische Untersuchungen legen nahe, dass Lokrum bereits im 6. Jh. besiedelt war, vermutlich durch die Liburner. Während eines Großbrands in Ragusa (Dubrovnik) baten die Bewohner in Gebeten um Unterstützung. Sie legten das Gelübde ab, auf Lokrum eine Kirche errichten zu lassen. Die Republik erließ 1023 den Beschluss, den Benediktinern die Insel zu überlassen, um dort eine Abtei zu gründen. Die dreischiffige **Basilika Verkündung der Heiligen Jungfrau Maria** wurde Ende des 12., Anfang des 13. Jh. errichtet. Im Laufe der Zeit wurde sie zweimal vergrößert. Im 13. Jh. sollen sich auf Lokrum noch drei weitere Kirchen befunden haben, die dann vermutlich durch das Erdbeben 1667 zerstört wurden. Ein neues **Benediktinerkloster** wurde im 15./16. Jh. errichtet, dessen West- und Nordflügel dann ebenfalls im Erdbeben stark beschädigt wurden. Der Senat entschied 1798, das Kloster aufzulösen. Den wohlhabenden Bürgern Ragusas sollte Lokrum zum Kauf angeboten werden. Sie ließen dort Weinreben und Olivenhaine pflanzen. Schließlich kaufte Erzherzog Maximilian I. die Insel, und Mitte des 19. Jh. entstand seine Sommerresidenz an der Südostseite des Klosters. Den Bogengang des Klosters ließ er restaurieren.

FORT ROYAL

Die Festung liegt im Norden der Insel, Fort Royal, wurde 1806 von den Franzosen errichtet, während Napoleons kurzer Herrschaft über die Illyrischen Provinzen. Sie liegt auf einer Höhe von 96 m über dem Meer, Besucher können hineingehen und von hier aus einen schönen Ausblick auf Dubrovnik genießen.

LAZARETT

Nahe der Festung steht das »Lazarett«. Wegen wiederkehrender Pestepidemien wurde es zwischen 1534 und 1557 gebaut, doch nie fertiggestellt. Die Republik überlegte es sich anders und ließ ein neues Lazarett in der Nähe von Ploče bauen. In dem alten Gebäude leben heute vier Esel (mit ganztägigem Freigang). Als der touristische Komplex »Park Prevlaka« (nicht zu verwechseln mit Privlaka) in Dubrovnik aufgelöst wurde, fragte man sich, was aus den Eseln dort werden sollte. Der kroatische Tierschutzverband sammelte Geld für den Transport und die Versorgung der Tiere. So haben Ćiro II., Lazar, Max und Royal auf Lokrum ein neues Zuhause gefunden.

Die Rache der Benediktiner

Richard Löwenherz soll 1192 auf Lokrum gestrandet sein. Auf dem Rückweg eines Kreuzzugs erlitt der englische König Schiffbruch. Mit letzter Kraft rettete er sich inmitten eines Sturms auf die Insel. Das ist eine von Lokrums Legenden.

Die Republik Ragusa entschloss sich, das **Benediktinerkloster** 1798 aufzulösen. Lokrum sollte an wohlhabende Ragusaner verkauft werden. Die Mönche waren erzürnt. In der Nacht vor ihrer Abreise versammelten sie sich und gingen mit angezündeten Kerzen dreimal über die Insel. Ihre Kapuzen hatten sie über den Kopf gezogen, die Kerzen hielten sie verkehrt herum, und Wachs tropfte bei jedem Schritt auf den Boden. So verabschiedeten sie sich von Lokrum – und verfluchten jeden, der zum Vergnügen auf der Insel weilen würde. Der **Fluch** könne nur aufgehoben werden, wenn der letzte Tropfen Wachs entfernt sei.

Skurrilerweise wurden tatsächlich Besucher Opfer tragischer Schicksale. Die Käufer starben bald durch Selbstmord oder Unfall. Einer verlor sein Vermögen. **Maximilian I.**, der die Insel 1859 kaufte, wurde in Mexiko zum Tode verurteilt. Sein Neffe, **Kronprinz Rudolf** (Sohn von Kaiserin »Sisi«), war ebenfalls auf Lokrum. Er erschoss seine Geliebte und danach sich selbst. **König Ludwig II.** von Bayern besuchte Lokrum und wurde 40 Jahre alt, sein Tod lässt bis heute Raum für Spekulationen.

Dabei musste man als Adliger nicht mal einen Fuß auf die Insel setzen, um ein tragisches Schicksal zu finden. **Erzherzog Franz Ferdinand** plante Ende Juni 1914, nach dem Besuch Sarajevos auch Lokrum zu besuchen. Das Attentat auf ihn in Sarajevo gilt als Auslöser des Ersten Weltkriegs. In den 1930er-Jahren verschwand angeblich eine Familie von der Insel spurlos. Ein genaues Datum und Namen jener Familie gibt es nicht.

Heute erwartet weder Adlige noch Bürgerliche nach dem Besuch ein schlimmes Schicksal. Doch noch immer halten es viele mit der Mahnung der Einheimischen, von Lokrum nichts zu entwenden, kein Blatt und keine Feder, es bringe Unglück.

Der Sveti Ilija über Orebić ist mit mehr als 900 m Höhe die Aussichtsplattform im Pelješac-Gebirge. An klaren Tagen reicht der Blick bis Italien.

WANDERUNG

Auf den Sveti Ilija – wilde Natur und weite Ausblicke

Die Wanderung durch die raue, wilde Seite Dalmatiens erfordert gute Kondition und Erfahrung mit Bergwanderungen. Wer das beherzigt, wird diese Tour genießen können.

Start und Ende: Orebić (Faltkarte: G5) **Charakteristik:** Bergwanderung mit steilem Aufstieg, anspruchsvoll **Dauer:** Halbtages- oder Tagesausflug; Auf- und Abstieg je 2,5–3 Std. **Länge:** ca. 12 km durch steiles Gelände **Einkehrtipp:** Konoba Hrid, Podgorje, Tel. 0 20/71 36 37, www.hrid-orebic.com, €€

INFO & VORBEREITUNG

Der Sveti Ilija zieht viele Besucher an. Mit einer Höhe von 961 m ist er die Aussichtsplattform schlechthin. Um die Tour zu einem schönen Erlebnis zu machen, sollte man ein paar Dinge berücksichtigen. Die Steigung beträgt durchschnittlich 19 %. Schwindelfreiheit, Trittsicherheit und feste Schuhe sind ebenso unabdingbar wie wetterfeste Kleidung. Den Wetterbericht verfolgen! Wichtig sind natürlich Trinkwasser, Sonnenschutz, Kopfbedeckung und auch lange Hosen. Letzteres als Vorsichtsmaßnahme wegen der Hornottern. Deshalb auch Vorsicht beim Festhalten an Zweigen oder Sitzen auf Steinen.

STARTPUNKT

Es gibt verschiedene Aufstiegsrouten. Eine empfehlenswerte und beliebte ist die aus Bilopolje. Westlich von Orebić befindet sich das **Hotel Bellevue.** Hinter dem Hotel biegt rechts eine asphaltierte Straße ab. Sie führt recht steil den Hang hinauf bis zum **Franziskanerkloster** (Franjevački samostan). Hinter dem Kloster kann man das Auto parken. Danch geht man ca. 800 m in westliche Richtung bis zur **Siedlung Bilopolje.** Hier zweigt rechts der Wanderweg zum Sveti Ilija ab, der üblicherweise mit einem rot-weißen Farbsymbol gekennzeichnet ist.

HAUPTSTRECKE

Nachdem man den Weiler hinter sich gelassen hat, gelangt man auf einen Pfad vorbei an dichter Macchia. Der Wanderweg führt steil den Hang empor und in einen Wald bis zu einer Weggabelung. Hier kreuzt eine zweite Aufstiegsroute (aus dem Ortsteil Rusković). Nachdem man eine Berghütte passiert hat, wandert man eine Weile durch bewaldetes Gebiet, danach über Stein und Geröll. Es geht die ganze Zeit kräftig bergauf.

AM SVETI ILIJA

Am Gipfel steckt ein einfaches Holzkreuz zwischen den Steinen, und auf einem Schild an einem Felsen steht: »Sv. Ilija, 961 m, 2013«. Man hat Grund, stolz zu sein. Nun kann man die Aussicht genießen. Der Rundblick von hier oben ist einzigartig: auf Korčula, Hvar, Mljet, Lastovo, das offene Meer und die kleinen Inseln vor Pelješac. Zur Landseite hin schweift der Blick hinunter auf das dalmatinische Festland, die Ostspitze der Insel Hvar, die Makarska Riviera das Biokovo-Gebirge und das Neretva-Delta. Unvergesslich.

AUSFLUG

Gipfeltour mit dem Auto zum Sveti Jure – virtuose Natur im Hochgebirge

Der höchste Gipfel des Biokovo-Gebirges hat eine Höhe von 1762 m. Sveti Jure bietet spektakuläre Ausblicke in die nahe und ferne Umgebung. Doch in höheren Lagen des Biokovo-Gebirges kann bis in den Mai hinein Schnee liegen.

Start und Ende: z. B. Makarska (Faltkarte: G4) **Charakteristik:** Ausflug mit dem Auto; Erfahrung bei Fahrten über Serpentinen und schmale Straßen erforderlich **Dauer:** 3 Std. zzgl. Aufenthalt **Länge:** ab Makarska ca. 30 km; aufgrund der vielen Serpentinen 1,5 Std. pro Richtung **Einkehrtipp:** Restaurant Jeny, Čovići 1, Tučepi, Tel. 0 91/5 87 80 78, www.restaurant-jeny.hr, Mai–Sept. 18–24 Uhr, €€–€€€ (keine Einkehr am Gipfel)

AUTO- ODER WANDERTOUR

Statt der Autotour kann man eine Wanderung daraus machen. Es gibt mehrere Routen und Startpunkte. Ansprechpartner sind die Touristeninformation in Makarska (www.makarska-info.hr) oder die Ausflugsagenturen. Im Sommer sollte man nicht ohne Sonnenschutz, Proviant und Wasservorrat wandern!

KREUZUNG VRGORAC

Von der Küstenstraße von Makarska nach Tučepi zweigt links eine Straße in Richtung Vrgorac ab. Nach wenigen Kilometern biegt man bei einem Parkplatz links auf eine kleine Mautstraße ein. Ein Schild an der Abzweigung weist den Weg.

WALD, BERGE, SERPENTINEN

Die Straße führt zunächst durch Pinien, Kiefern und dichtes Gebüsch am Straßenrand. Dann verändert sich die Landschaft und wird offener. Hügel und Berge werden sichtbar. Man sieht

Hat man die Serpentinen hinauf zum Sveti Jure bewältigt, entschädigt der Ausblick. Der Naturpark Biokovo wirkt kahl, aber hier leben viele seltene Tiere und Pflanzen.

Pferde, vom Wind zerzauste Büsche, bizarre Karstformationen alte, verlassene Häuser und verfallene Ställe. Manchmal blitzt ein großes, neues Haus hervor. Immer näher kommt man dem Sveti Jure, immer heikler wird die Straße. Die Strecke besteht aus einspurigen Trassen mit Buchten zum Ausweichen, die mit Vorsicht befahren werden sollten! Es gibt nur streckenweise Leitplanken oder Begrenzungen am Straßenrand.

BIOKOVO ALLGEMEIN

Im Jahr 1981 wurde Biokovo zum Naturpark erklärt. Das gesamte Biokovo-Gebirge ist ein typisches Karstgebirge, mit kleineren und größeren Höhlen und Grotten. Über 2200 Pflanzenarten und viele Tiere, z. B. Falken, Adler, Wölfe, Wildziegen und Wildschafe finden hier einen Lebensraum.

ENDLICH: SVETI JURE

Mit dem Auto kann man bis zum Gipfel fahren. Den nimmt unübersehbar ein Fernsehturm ein. In der Nähe steht eine kleine Kirche, die in den 1960er-Jahren auf den Überresten einer 800 Jahre alten Kirche errichtet wurde. Die Aussicht vom Sveti Jure ist unvergesslich. An klaren Tagen wird man für die kurvenreiche Fahrt mit einem Blick bis an die italienische Küste belohnt. Bei besonders guter Sicht soll man sogar Monte Gargano sehen.

AUSFLUG
Landeinwärts nach Sinj – Sehenswertes im Hinterland

Die Stadt mit 24 000 Einwohnern ist umgeben von karstigem Gebirge in unmittelbarer Nähe des Flusses Cetina. Sinj feiert jährlich an einem Sonntag Anfang August mit einem großen Volksfest, Sinjska alka, den Sieg von 1715 über die Türken. Es ist auch einer der Wallfahrtsorte an Mariä Himmelfahrt.

Start: Split **Ende:** Sinj (Faltkarte: F2) **Charakteristik:** Ausflug mit dem Auto **Anfahrt:** etwa 45 Min. Fahrt von Split bis Sinj **Dauer:** Tagesausflug **Länge:** Hin- und Rückfahrt ca. 80 km **Einkehrtipp:** Konoba Potkova, Akarsko trkalište 22, Sinj, Tel. 0 21/ 82 27 92, Mo–Sa 7–23, So 10–23 Uhr, €€

DER ALKAR
Die Sinjska alka ist in Sinj überall präsent. Kaum ist man im Ort angekommen und biegt von der Ulica Bana Jelačića in die Splitska ulica, sieht man auf der linken Seite eine Statue. Sie heißt **Spomenik alkaru** (Denkmal für den Alkar) und zeigt einen Alkar, den Lanzenreiter, auf seinem Pferd. Das Denkmal ist ein Werk des Bildhauers Stipe Sikirica, der aus dem Umland von Sinj stammt. Es wurde 1965 zum 250. Jahrestag des Ortes aufgestellt.

SINJSKA ALKA
Anfang August findet dieses Reiterfest statt, mit viel Enthusiasmus und kulinarischen Genüssen. In Erinnerung an den Sieg über die Türken im Jahr 1715 wird mit spektakulären Reiterspielen in traditionellen Kostümen gefeiert. Im Galopp reiten die Alkari über eine Strecke von 160 m an und zielen mit einer Lanze auf einen Eisenring (die Alka), der in vier Bereiche unterteilt ist. Gewinner ist, wer nach dem dritten Durchlauf die meisten Punkte gesammelt hat. Während der Sinjska alka erlebt die Stadt einen enormen Besucherandrang. Die Tribünen-

plätze am Rand der Ritterspiele sind gewöhnlich schon Monate vorher ausverkauft. Nur wer früh erscheint, hat die Chance auf einen der begehrten Stehplätze am Rand des Geschehens.

WALLFAHRTSKIRCHE

Beherrschendes Bauwerk ist die **Heiligenstätte der Muttergottes von Sinj (Svetište Gospe Sinjske)** am Hauptplatz der Stadt. Errichtet wurde sie zwischen 1699 und 1712. Während ihrer turbulenten Geschichte trotzte sie kriegerischen Angriffen und Naturgewalten. Abgesehen von ein paar leichteren Beschädigungen und entsprechenden Restaurierungsarbeiten, ist sie bis heute im Originalzustand erhalten. In der Kirche wird das **Bildnis der Muttergottes von Sinj** aufbewahrt. Das mit Gold umrahmte Gemälde ist aus dem 16. Jh., der Künstler unbekannt. Das Bild soll während der osmanischen Angriffe aus der Stadt gebracht worden sein. Nachdem die Madonna wieder nach Sinj zurückgekehrt war, so die Legende, beschützte sie die Bevölkerung vor weiteren Angriffen der Türken.

Fratarski prolaz 4 | www.gospa-sinjska.hr | tgl. 7–12, 17–19 Uhr

DEFTIGES AUS DEM HINTERLAND

Eine kulinarische Spezialität von Sinj sind die kleinen, mit Sauerkrautblättern umwickelten Rindfleischrouladen: *arambašići*. Auch geräuchertes Hammelfleisch, Flusskrebse sowie in Maismehl gewälzte und dann gegrillte Forellen sind Spezialitäten der Gegend. Ein Erlebnis ist auch der Wochenmarkt von Sinj, auf dem vornehmlich Obst und Gemüse, Honig und Trockenfrüchte aus der Region verkauft werden.

16 MERIAN EMPFEHLUNG

MUZEJ SINJSKE ALKE

Seit 2015 gibt es das Museum, das in einem historischen Gebäude untergebracht ist. Der Hof der Alkaren (Alkarski dvori) war eine 1760 errichtete Kaserne für die kroatische Kavallerie. Das Museum widmet sich der 300 Jahre währenden Geschichte des berühmten Alka-Festes. Zu sehen sind traditionelle Kostüme

Wer im August nicht persönlich beim Volksfest in Sinj sein kann: Im Muzej Sinjske Alke sind u. a. die prächtigen Kostüme und die Lanzen der Reiter zu sehen.

der Reiter und Ausstattungen der Pferde. Dazu kommen Gegenstände und Waffen, die während des Festes zum Einsatz kommen. Zu den Exponaten gehören auch Geldmünzen, Kunstgegenstände und Geschenke, die den Reitern gemacht worden sind. Mit stimmungsvoller Musik aus den vergangenen drei Jahrhunderten soll den Besuchern die typische Stimmung des Festes vorgestellt werden. Es wird deutlich, wie viel Hingabe es bedarf, diese Tradition über all die Jahre zu pflegen. Das Museum repräsentiert auf großartige Weise die Verbundenheit der Sinjer mit ihrer Tradition. Es erstaunt nicht, dass die Sinjska Alka zum immateriellen UNESCO-Weltkulturerbe zählt. Im Gesamten ist das Museum eine gelungene Kombination zwischen altem Brauchtum und moderner Präsentation. Ein interessantes Video, in dem auch die Schlacht um Sinj von 1715 erläutert wird, und die Möglichkeit zur Audio-Führung machen den Besuch zu einem besonderen Erlebnis. Geradzu liebevoll wurde das Interieur gestaltet und werden die Exponate ausgestellt.

Put Petrovca 12 | Tel. 0 21/44 47 30 | www.alka.hr | Di–So 9–17 Uhr | Eintritt 50 Kn, ermäßigt 30 Kn

Skradin ist eine der ältesten Städte Kroatiens und war schon in der Antike besiedelt. Von hier starten die Touren in den Nationalpark Krka, zu Fuß, mit dem Rad oder Boot.

 MERIAN TOP 10

AUSFLUG MIT WANDERUNG
Die Krka-Wasserfälle – Naturbegegnungen im Nationalpark

Die Krka bahnt sich ihren Weg durch malerische Schluchten, vorbei an grünen Bergen, bevor sie rauschend und mit voller Wucht die Kaskaden hinabstürzt. Und mitten in dieser karstigen Flusslandschaft liegt die winzige Klosterinsel Visovac.

Start und Ende: Šibenik (Faltkarte: D2) **Charakteristik:** Ausflug mit dem Auto und Wanderung **Anfahrt:** Route von Šibenik nach Skradin mit dem Auto **Dauer:** Tagesausflug **Länge:** Hin- und Rückfahrt 30 km, Wanderung individuell planbar **Einkehrtipp:** Restaurant Zlatne školjke, Ulica Grgura Ninskog 9, Skradin, Tel. 0 22/77 10 22, www.zlatne-skoljke.com, tgl. 12–23 Uhr, €€€ **Auskunft:** www.np-krka.hr (aktuelle Eintrittspreise und Karten)

PARKEINGANG BEI SKRADIN

Den Nationalpark Krka erreicht man am besten von Šibenik aus. Die Strecke führt zunächst auf der Landstraße in Richtung Drniš nach Nordosten. Bei Lozovac links abbiegen und der Landstraße und Beschilderung folgen. Von **Skradin** aus können Kajakfahrten auf der Krka unternommen werden, aber auch Fahrradtouren bieten sich an. In der Nähe des Tickethäuschens gibt es einen Rent-a-bike-Service. Einen guten Ruf hat die Umgebung von Skradin bei Ruderern. Der gesamte Mündungsbereich des Krka-Flusses bietet Ruderern nahezu perfekte Bedingungen. Das Anwachsen der örtlichen Marina und die große Zahl der Wassersportler hat auch das kulinarische Angebot erweitert. Westlich des Nationalparks liegt der **Prokljan-See** (Prokljansko jezero). Er enthält sowohl Süß- als auch Salzwasser (abhängig von den Gezeiten), weshalb sich im See Süß- wie auch Salzwasserfische tummeln.

KRKA

Mehr als 110 km² dieser Landschaft sind seit 1985 als Nationalpark ausgewiesen. Die einstigen Wassermühlen dienen heute nicht mehr ihrem ursprünglichen Zweck. Darin befinden sich gastronomische Einrichtungen oder Museen, einige dienen als Souvenirshop. Insgesamt gibt es sieben große Wasserfälle innerhalb des Nationalparks. Die Krka entspringt bei der Stadt Knin, bei einer Gesamtlänge von 72,5 km fällt sie über mehrere Kaskaden, bevor sie bei Šibenik in die Adria mündet. Am wasserreichsten ist der Fluss im November und März.

SKRADINSKI BUK

Der spektakulärste und bekannteste Wasserfall heißt **Skradinski buk.** Er ist knapp 46 m hoch und 800 m lang. An der schmalsten Stelle misst der Wasserfall 200 m, an der breitesten 400 m. Über 17 Stufen fällt der Fluss hier talwärts, begleitet von starkem Rauschen und ungestümer Gischt. Der Skradinski buk besteht aus der Krka und dem Nebenfluss Čikola, dem längsten Nebenfluss der Krka. Čikola entspringt bei Čavoglave, ist 46 km lang und mündet in die Krka.

DIE ANDEREN WASSERFÄLLE

Auch **Roški slap** (*slap* ist Kroat. für Wasserfall) ist ein grandioser Wasserfall. Er ist 22,5 m hoch und misst an seiner breitesten Stelle 450 m. Der **Manojlovački slap** bietet zwar keine spektakulären Kaskaden, ist aber nicht minder schön anzusehen, da er auf andere Weise imposant ist. Knapp 60 m ist er insgesamt hoch, 500 m lang und 80 m breit. Leider ist er im Hochsommer wasserarm bzw. ausgetrocknet. Der Wasserfall **Miljacka** ist knapp 24 m hoch und fällt über drei große und mehrere kleinere Kaskaden. An dieser Stelle mischt sich auch das Wasser der Zrmanja in den Wasserfall. Der **Brljan** ist im Frühjahr am schönsten anzusehen, wegen der üppigen Vegetation, die ihn umgibt. Er ist stets vom Wasserstand der Krka abhängig. Der **Bilušića buk** ist der einzige Wasserfall, dessen Energie nicht zur Erzeugung von Strom genutzt wurde. Er ist zu jeder Jahreszeit tosend und wasserreich.

FLORA UND FAUNA

Im Nationalpark existieren ca. 1100 Pflanzenarten. Viele davon sind endemisch. Im Sommer erblüht die Pyramiden-Glockenblume *(Campanula pyramidalis)*, die in den Rissen der gewaltigen Felsen wächst, und auch die Perunika (Schwertlilie) ist zu sehen, die Nationalblume Kroatiens. Unter den zahlreichen Tieren beheimatet der Nationalpark mehrere seltene oder bedrohte Tierarten. Es leben unzählige Amphibien, Insekten und Eidechsen hier. Von den 225 Vogelarten nisten viele auch im Nationalpark. Uhu, Adler, Falke, Habicht, Nachtigall und Wildtauben sind weitverbreitet. Ferner leben hier Schmetterlinge, Schildkröten und natürlich viele Fischarten.

DIE HÖHLE OZIĐANA PEĆINA

Im Nationalpark gibt es 65 Höhlen und Grotten. In zwei von ihnen wurden Spuren menschlichen Lebens entdeckt, in Jazinka und Oziđana. Eine der interessantesten Höhlen ist **Miljacka.** Bisher wurde sie auf einer Länge von fast 3 km erforscht. Wie tief der See im Inneren ist, weiß man bis heute nicht. Während des Sommers leben hier bis zu 9000 Fledermäuse.

Mehr als 220 Vogelarten wurden bisher im Nationalpark Krka gezählt. Während der Fasan (im Bild) meist vor Ort bleibt, sind viele Zugvögel nur auf der Durchreise.

Die Höhle **Oziđana pećina** ist nur wenige Minuten vom Roški slap entfernt. Sie ist für Besucher geöffnet. Die tunnelförmige Höhle ist 7 m breit, 59 m lang, aber nur 2,5 m hoch. Interessant ist sie vor allem als archäologische Fundstätte. Außer Keramikfragmenten und aus Stein gefertigten Messern fand man darin verschiedene Tierskelette sowie die Skelette zweier Kinder, die ca. 6000 bis 7000 Jahre alt sind.

KLOSTERINSEL VISOVAC
In der Saison werden Schiffsausflüge zur kleinen Klosterinsel Visovac angeboten. Das Eiland liegt – mehr oder weniger – mitten im Park und mitten im Visovac-See (Visovačko jezero). Seit 1445 befindet sich auf der Insel das Franziskanerkloster. Der Klostergarten und das Museum sind ein Ort der Ruhe, meistens jedenfalls. Das Museum zeigt eine ethnografische Sammlung, Kirchenkunst, Münzen und Medaillen, Schmuck und Bücher. Teil des Museums ist auch eine Pinakothek.

IM UMLAND: BRIBIRSKA GLAVICA
Historisch Interessierte können einen Besuch mit dem Ausflug nach **Bribirska glavica** verbinden. Der Ort (hist. Varvaria) liegt von der Stadt Skradin 13 km in nordwestlicher Richtung und ist mit der kroatischen Geschichte eng verknüpft (→ S. 26).

Das Radovan-Portal an der Kathedrale des Heiligen Laurentius in Trogir aus dem Jahr 1240 zeigt äußerst detailreich biblische Motive und Szenen aus dem Leben Christi.

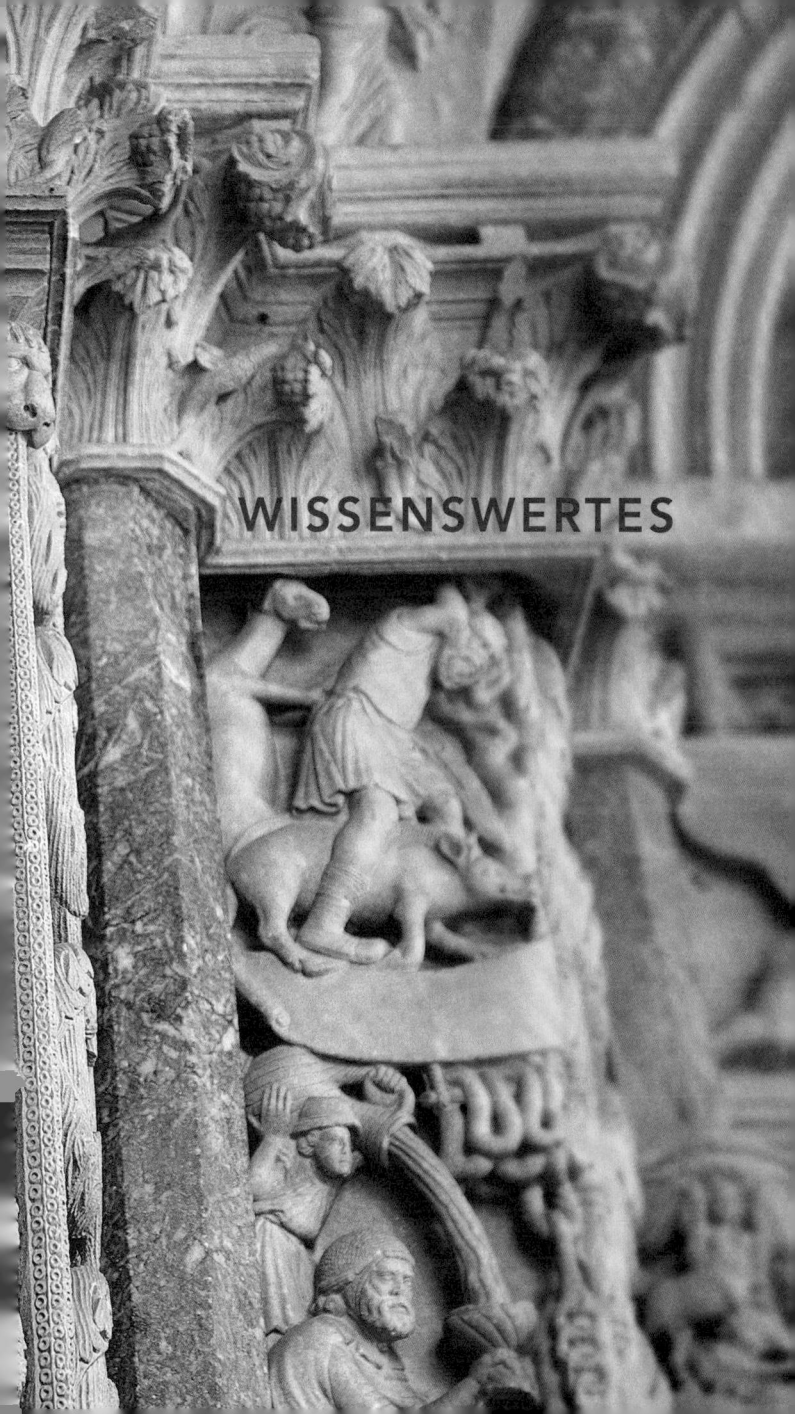

WISSENSWERTES

SERVICE

Anreise und Ankunft
Mit dem Auto
Durch Österreich und Slowenien geht es bis zur kroatischen Küstenstadt Rijeka. Bei freier Fahrt dauert die Strecke München–Rijeka sechs Stunden, danach geht es weiter Richtung Süden. Parallel zur Küste verläuft eine mautpflichtige Autobahn (E71). Auf diese Weise kommt man schneller nach Dalmatien, wer den Zeitaufwand nicht scheut, bekommt auf der Jadranska Magistrala (E65, der Küstenstraße) fürs Auge definitiv mehr geboten. Informationen zu Autobahnen und Maut unter www.hac.hr.

Mit Bus
Das Busnetz zwischen mitteleuropäischen und vielen kroatischen Städten ist sehr gut ausgebaut und auch in den Sommermonaten eine preisgünstige Alternative. Allerdings ist es auch eine enorm langwierige Reisemöglichkeit. So dauert die Fahrt von Frankfurt (Main) bis Split beispielsweise immerhin 22 Stunden. Angebote: www.eurolines.de, www.getbybus.com.

Mit der Bahn
Zugfahrten nach Dalmatien werden nicht häufig gebucht, weshalb sich das Angebot in Grenzen hält. Die Strecken verlaufen meist über Zagreb, sind weder kostengünstig noch zeitsparend. Die Strecke von Frankfurt (Main) nach Split dauert bis zu 22 Stunden.

Mit dem Flugzeug
Von Deutschland, Österreich und der Schweiz aus werden die dalmatinischen Städte regelmäßig angeflogen. Die wichtigsten Flughäfen in Dalmatien sind Dubrovnik, Split und Zadar. Angebote: www.croatiaairlines.com, www.lufthansa.com, www.eurowings.com.

Fähre (Trajekt) und Katamaran: Verbindungen zu den Inseln
Die Fährverbindungen in Dalmatien unterhält das Unternehmen Jadrolinija. Für die Fahrten in der Hochsaison ist eine rechtzeitige Reservierung der Tickets im Internet ratsam. Wer im Juli und August sein Ticket am Tag der

Abfahrt kaufen möchte, muss mit langen Wartezeiten an den Schaltern im Hafen rechnen. Für den Personenverkehr nutzt man Katamarane oder Schnellboote der Firmen G&V oder Krilo Kapetan Luka. Für Ausflüge auf unbewohnte Inseln informieren die Touristeninformationen vor Ort. In den Häfen gibt es überall Rent-a-boat-Unternehmen oder Stände, die Ausflüge anbieten. Angebote: www.jadrolinija.hr, www.gv-line.hr, www.krilo.hr.

Auskunft
Kroatische Zentrale für Tourismus
www.croatia.hr

Buchtipps
Alida Bremer: »Olivas Garten« (Ullstein, 2017). Alida lebt in Deutschland und erbt den Olivenhain ihrer Großmutter an der dalmatinischen Küste. Es sind die tragischen, berührenden und manchmal auch komischen Geschichten und Anekdoten aus dieser Region und ihrer Familie, die das Buch so lesenswert machen.

Nataša Dragnić: »Jeden Tag, jede Stunde« (btb Verlag, 2012). Dora und Luka sind zusammen in einem dalmatinischen Fischerdorf aufgewachsen, sie liebten sich bereits als Kinder und sehen sich nun nach Jahren wieder.

Claus Heinrich Gattermann: »Kroatien: Zweitausend Jahre Geschichte an der Adria« (Olms Verlag, 2011). Lesefreundlich und mit viel Sachverstand beschreibt der Historiker Kroatiens Geschichte.

Corinna Kastner: »Das Erbe von Ragusa« (hockebooks, 2018). Das Buch war lange vergriffen, doch nun ist es erfreulicherweise als E-Book erschienen. In Zeitsprüngen und mit Fantasy-Elementen entführt die Autorin ihre Leser und Leserinnen ins mittelalterliche Ragusa (Dubrovnik).

Ranka Keser: »Kulturschock Kroatien« (Reise Know-How Verlag, 2018). Einblick hinter die touristische Fassade Kroatiens. Mit Informationen über Geschichte, Gesellschaft, Alltagsleben und Traditionen.

Martina Levačić: »Marco Polo Sprachführer Kroatisch« (Mairdumont Verlag, 2019). Lernen mit Spaßfaktor. Gut gegliederter und bebilderter Sprachführer. Das Buch mit 132 Seiten ist ein gelungener Beitrag, um auch außerhalb der Touristenzentren klarzukommen.

Friederun Pleterski: »Ein Haus in Dalmatien – Vom Leben auf einer Adria-Insel« (Drava Verlag, 2017). Die österreichische Autorin verwirklicht ihren Traum und kauft sich ein altes Steinhaus auf der Insel Olib. Ihr Bericht vom Lebensgefühl in dieser dörflichen Gemeinschaft liest sich amüsant und berührend.

City Card

In Dubrovnik und Split kann sich der Kauf einer City Card als vorteilhaft erweisen. Die Karte kann man bei den Touristeninformationen, in Hotels, Reisebüros oder Agenturen kaufen. Für Dubrovnik gibt es manchmal Rabatte (www.dubrovnikcard.com). Es empfiehlt sich, nachzurechnen, ob sich die Investition lohnt, abhängig von Aufenthaltsdauer und persönlichen Vorlieben. Die **Dubrovnik Card** ermöglicht die kostenfreie Nutzung der Stadtbusse, freien Eintritt zur Stadtmauer sowie in mehrere Museen und Galerien. Die

Card gilt auch fürs benachbarte Cavtat. Die Karte kostet (Stand Mitte 2020) für einen Tag 250 Kn, drei Tage 300 Kn und sieben Tage 350 Kn. Der Käufer der Dubrovnik Card erhält zudem einen Reiseführer und Rabatte in ausgewählten Geschäften, Souvenirshops und mehreren Restaurants.

Die **Split Card** kostet 70 Kn und ist drei Tage (72 Stunden) gültig. Sie ermöglicht den kostenlosen Besuch von vier Museen und Galerien. Bei vier weiteren Museen gibt es 50 % Rabatt. In ausgewählten Restaurants, Hotels und Shops gibt es 10 oder 20 % Ermäßigung. Auch bei Führungen, Rent-a-car-Angeboten oder Ausflügen sind es 10 oder 20 %. Wer in ausgewählten Hotels von Fr–So übernachtet, bekommt die Split Card gratis dazu – oder wer ab fünf Übernachtungen in Split gebucht hat.

Diplomatische Vertretungen
Deutsches Honorarkonsulat (Außenstelle der Deutschen Botschaft)
Split | Svačićeva 4 | Tel. 0 21/40 93 47 | Botschaft in Zagreb: Tel. 01/ 6 30 01 00 | www.zagreb.diplo.de

Österreichisches Konsulat (Außenstelle der Österreichischen Botschaft)

Split | Klaićeva poljana 1 | Tel. 0 21/
32 25 35 | Botschaft in Zagreb: Tel.
01/4 88 10 50 | www.bmeia.gv.at

Schweizer Konsulat (Außenstelle der Schweizer Botschaft)

Split | Strožanačka 20 | Tel. 0 21/
42 04 22 | Botschaft in Zagreb: Tel.
01/4 87 88 00 | www.eda.admin.ch

Feiertage

1. Januar Neujahr
6. Januar Heilige Drei Könige
Ostermontag
1. Mai Tag der Arbeit
30. Mai Nationalfeiertag
Fronleichnam
Pfingsten
22. Juni Staatsfeiertag
5. August Staatsfeiertag
15. August Mariä Himmelfahrt
8. Oktober Staatsfeiertag
1. November Allerheiligen
18. November Tag des Gedenkens an die Opfer des Heimatkrieges und des Gedenkens an die Opfer von Vukovar und Škabrnja
25./26. Dez. Weihnachten

Geld

10 Kuna	1,32 €/1,40 SFr
1 €	7,54 Kuna
1 SFr	7,08 Kuna

Die kroatische Währung ist Kuna (HRK) bzw. (kn/Kn), 1 Kuna entspricht 100 Lipa. Euros werden selten akzeptiert. In touristischen Zentren, in Supermärkten, Hotels und Restaurants ist das Bezahlen mit Kreditkarte problemlos möglich. Im Hinterland und in kleinen Orten ist es eher unüblich. Geld abheben kann man an Bankautomaten (Bankomat). Günstiger ist es, in Kroatien Euros in Kuna wechseln zu lassen, als im Heimatland. Wechselstuben gibt es an allen touristischen Zentren, meist sogar mehrere. Sie haben bis 21 oder 22 Uhr geöffnet. Banken haben in der Regel Mo–Fr von 7–19 und Sa 7–13 Uhr geöffnet.

Links und Apps
Links
www.adriaforum.com
In diesem lebhaften Community-Forum ist Kroatien in allen Facetten das Thema. Ein Bereich des Forums konzentriert sich nur auf Istrien, ein anderer auf die Kvarner Bucht.

www.camping.hr
Eine umfangreiche und informative Seite des kroatischen Campingverbands.

www.croatia.hr
Informationen der Kroatischen Zentrale für Tourismus.

www.crodict.de
Das umfangreiche und zuverlässige Wörterbuch übersetzt nach Eingabe ins Kroatische bzw. ins Deutsche.

www.dalmacija.net
Seite zur Vermietung von Ferienhäusern.

www.dalmatia.hr
Bietet umfangreiche Informationen über Unterkünfte, Sehenswürdigkeiten und Aktivitäten in Mitteldalmatien.

www.hak.hr
Seite des kroatischen Automobilclubs; Pannenhilfe und Infos über die Verkehrslage.

www.meteo.hr
Die Wettervorhersage ist alphabetisch nach Orten sortiert; auch auf Englisch.

www.reisewelt-kroatien.de
Vermietung von Unterkünften und Jachten.

www.skippertipps.de
Bietet Tipps für Wassersportler in Kroatien.

Apps
Euro to Kuna
Klein, praktisch, schnell – die App fürs Konvertieren der Währung für unterwegs.

Medizinische Versorgung
Krankenversicherung
Die Versichertenkarte sollte in Kroatien unbedingt mitgeführt werden. Ratsam ist auch der Abschluss einer Auslandskrankenversicherung, denn Rücktransporte oder private Leistungserbringungen werden von den Krankenkassen nur bei Abschluss einer Auslandskrankenversicherung bezahlt. Im Krankheitsfall kann man sich an die Hotelrezeption oder an eine Touristeninformation wenden.

Notruf
Euronotruf: 112 (gebührenfreier und einheitlicher Notruf)
Polizei Tel. 92
Feuerwehr Tel. 93
Rettungsdienst Tel. 94
Pannenhilfe Tel. 987

Post
Die Postfilialen sind Mo–Fr von 7–20 und Sa von 7–13 Uhr geöffnet. In der Sommersaison sind einige Postämter in den Touristenorten bis 22

Uhr geöffnet. Das Porto für Postkarten beträgt 3,10 Kuna; die Briefkästen sind gelb.

Reisedokumente

EU-Bürger und Schweizer können mit einem gültigen Reisepass oder Personalausweis (Identitätskarte) einreisen. Kinder müssen im Pass eines Elternteils eingetragen sein oder benötigen einen Kinderreisepass.

Reiseknigge

Trinkgeld: Bei gutem Service des Reiseführers, Taxifahrers oder Kellners ist ein Trinkgeld von 10 % des Rechnungspreises angebracht. Das Trinkgeld fürs Hotelpersonal richtet sich nach der Hotelkategorie.

Religion: In Dalmatien sind die Menschen nicht weniger modern und weltoffen als in Mitteleuropa. Doch der katholische Glaube ist hier generell noch ein wichtiger Teil der Identität. Als Tourist sollte man daran denken und Kirchen nicht in Flip-Flops und Hotpants besuchen. Das wirkt respektlos.

Fotografieren: Wie in vielen anderen Ländern auch, ist das Fotografieren von militärischen Anlagen untersagt.

Reisezeit

Von April bis Juni und im September und Oktober herrscht ein mildes Klima, besonders im südlichen Mitteldalmatien und Süddalmatien. Im Frühling und Herbst herrscht auch kein Gedränge, und die Naturschönheiten sind nicht weniger reizvoll. Von Mitte Oktober bis Ende März ist das touristische Angebot allerdings um einiges geringer.

Sicherheit

Kroatien ist ein sicheres Reiseland. Trotzdem gelten natürlich die üblichen Sicherheitsmaßnahmen, besonders in Städten und Touristengebieten, in denen es zu Taschendiebstahl kommen kann, wie an Häfen oder auf Märkten.

Strom

Die Netzspannung beträgt 230 Volt, bei einer Frequenz von 50 Hertz. Adapter werden nicht benötigt.

URLAUBSKASSE

1 Tasse Kaffee	ab 7,50 Kn
1 Glas Bier	ab 11,30 Kn
1 Glas Cola	ab 15,00 Kn
1 Taxifahrt (pro km)	6,70–15,40 Kn
1 Liter Benzin	ca.10,50 Kn
Mietwagen/Tag	ab 300,00 Kn

Telefon
Vorwahlen
D, A, CH ► Kroatien 0 03 85
Kroatien ► D 00 49
Kroatien ► CH 00 41
Kroatien ► A 00 43

Verkehr
Auto
Innerhalb von geschlossenen Ortschaften ist die Geschwindigkeit von max. 50 km/h vorgeschrieben; auf Landstraßen 90 km/h; auf Schnellstraßen 110 km/h; auf Autobahnen (gebührenpflichtig) 130 km/h. Die Promillegrenze liegt bei 0,5 Promille.
Die Versorgung mit Tankstellen ist an der Küstenmagistrale ausreichend. Bei den Inseln sollte man sich vorher erkundigen.
Das Falschparken und auch zu schnelles Fahren sind in Kroatien mit hohen Gebühren verbunden.
Unbedingte Vorsicht bei erstem Regen nach langen Hitzeperioden! In den Poren des Asphalts sammeln sich Staub, Öl, Sand und Salz. Bei Regen entsteht eine Schmierschicht, weshalb in angemessenem Tempo mit genügend Sicherheitsabstand zum Vordermann gefahren werden sollte.

Fahrrad
Verleihstationen gibt es praktisch in allen touristischen Zentren. Problemlos findet sich ein Unternehmen im Internet unter »rent a bike« + Ort. In der Regel gibt es bis zum anspruchsvollen Mountainbike eine gute Auswahl.

Mietwagen
Hinreichend großes Angebot in allen touristischen Orten und an den Flughäfen. Manchmal Engpässe im Juli und August, gepaart mit erheblichen Preissteigerungen.

Öffentliche Verkehrsmittel
Das Busnetz längs der Küste ist dicht ausgebaut, das auf den Inseln weniger. Die Preise sind niedrig. An den Sonn- und Feiertagen verkehren weniger Busse.

Taxi
Es gelten von Städten und Gemeinden festgelegte Tarife. Das Preisniveau ist nur wenig niedriger als in Deutschland. Bei längeren Fahrten kann der Preis ausgehandelt werden.

Zoll
www. zoll.de, www.bmf.gv.at/zoll und www.zoll.ch

2./3. Jt. v. Chr.

Dalmaten, ein Stamm der Illyrer, siedeln sich im heutigen Dalmatien an. Durch sie bekommt die Region ihren Namen.

ab 2. Jh. v. Chr

Römer erobern die Gebiete und machen Dalmatia zu ihrer Provinz.

Die **Griechen** dringen ins heutige Dalmatien vor. Melaina Korkyra (Korčula), Issa (Vis), Pharos (Hvar) und Tragurion (Trogir) werden zu ihren Handelsplätzen.

3./4 Jh. v. Chr.

11. Jh.

Die Republik **Venedig** kontrolliert
den Handel. Es gelingt ihr,
Byzanz als Mitbewerber an der adri-
atischen Küste auszuschalten.

Während der Herrschaft des
römischen **Kaisers Diokletian**
entsteht der Diokletian-Palast
in Split. → S. 105

Die Stadt Ragusa setzt gegenüber der Großmacht Venedig
ein eigenes Stadtstatut durch.
Darin wird **Ragusas Unabhängigkeit** festgeschrieben. Die Stadt
erhält Privilegien für die eigene
Verwaltung und den Handel.

**Ende 3. Jh./
Anfang 4. Jh.**

1272

1797

1409

Venedig kauft dem ungarischen König für 100 000 Dukaten weite Teile Dalmatiens ab und wird zur beherrschenden Großmacht in Dalmatien. Ragusa bleibt weiterhin unabhängig.

Die Vorherrschaft Venedigs geht zu Ende. Französische Truppen zwingen den Dogen von Venedig zur Abdankung, **Napoleon** beherrscht die dalmatinische Küste samt Hinterland (Illyrische Provinzen).

Wirtschaftlicher Niedergang der Stadtrepublik Ragusa. Das schwere **Erdbeben von 1667** beschleunigt diesen Prozess.

Marschall Marmont hebt die Herrschaf der Republik Ragusa auf, und es verliert seine Unabhängigkeit. **Ragusa** wi Dalmatien angegliedert – als Teil von Napoleons Illyrischen Provinzen. D Franzosen walten hier bis 1813.

Ende des 16. Jh.

1808

1815

Nach dem **Wiener Kongress** übernimmt die österreichische Monarchie die Macht an der kroatischen Adria.

1929

Der serbische König Aleksandar I. Karađorđević lässt den **Staatsnamen** in Königreich Jugoslawien abändern.

Nach dem **Zerfall der K.-u.-k.-Monarchie** schließt sich Kroatien dem Staat der Slowenen, Kroaten und Serben an, später dann dem Königreich der Serben, Kroaten und Slowenen.

1918

1941

Ante Pavelić, Führer der nationalistischen Ustaša-Bewegung, ruft einen **unabhängigen kroatischen Staat** aus. Er wird von den faschistischen Regierungen in Deutschland und Italien unterstützt. Pavelić überlässt aus Machtgier Mussolini große Teile Dalmatiens, um seinen Status halten zu können.

Nach dem Sieg der Partisanen wird die neue **Verfassung** verkündet. Auf ihrer Grundlage entsteht die Föderalistische Volksrepublik Jugoslawien unter der Führung von **Josip Broz Tito**.

1946

Tito bricht mit Stalin, weshalb Jugoslawien nicht zum Ostblock gehören und als liberalster kommunistischer Staat gelten wird.

1948

1991

Nachdem Kroatien seine **Unabhängigkeit** erklärt hat, wird ein Drittel des kroatischen Territoriums von der jugoslawischen Armee besetzt.

2009

Kroatien wird in die **NATO** aufgenommen.

Im Zuge der Militäroffensive Oluja (Sturm) wird das Gebiet in der Krajina zurückerobert. **Ende des Krieges** in Kroatien.

Beitritt in die **EU** als 28. Mitgliedsstaat.

2013

1995

2016
Andrej Plenković (HDZ)
wird **Premierminister.**

Kolinda Grabar-Kitarović
von der HDZ-Partei
wird für fünf Jahre zur
Präsidentin Kroatiens
gewählt.

2015

Der Sozialdemokrat
Zoran Milanović
wird zum neuen **Präsi-
denten** gewählt.

2020

BILDNACHWEIS

Titelbild (Pfau auf der Insel Lokrum): Getty Images, Carolin Voelker
Alamy: Alex Linch 224, Jan Wlodarczyk 149, robertharding 109, TOPICMedia/Bodo Muller 178 | AWL Images: Stefano Politi Markovina 169 | Corbis: National Geographic Society/Jonathan Irish 37, Robert Harding World Imagery/Matthew Williams-Ellis 59 | Croq/CC BY-SA 3.0 20 | Cukarin 175 | dpa Picture-Alliance: Rainer Hackenberg 11 | gemeinfrei: Klappe | Getty Images: AFP 222, DEA PICTURE LIBRARY/De Agostini 17, Hulton Archive 54, Jackie Bale 192, mbbirdy 6/7 | GlowImages 219 | Huber Images: Anna Serrano 34, 191, Antonio D'Anna 99, Christian Bäck 95, Franco Cogoli 202, Gräfenhain 161, Justin Foulkes 183, Stipe Surac 69 | imagebroker: Günter Flegar 135, Paul Williams 75, 206/207 | laif: Clemens Zahn 23, Dorothea Schmid 150, Günter Standl 216, Hans Madej 13, 43, Le Figaro Magazine/Eric Martin 48, 3, 201, Michael Amme 79, Ralf Kreuels 126 | Look: robertharding 132, 170 | mauritius images: Alamy 188/189, Alamy/Boaz Rottem 47, Alamy/David Havel 205, Alamy/Goran Jakuš 44, Alamy/Hackenberg-Photo-Cologne 53, Alamy/Ivan Coric 138, Alamy/Ivan Vdovin 113, Alamy/Ivica Batinic 30, Alamy/Jiri Hofman 198, Alamy/Lee Karen Stow 114, Alamy/Matthias Riedinger 195, Alamy/Nikreates 38, Alamy/Zvonimir Atletić 166, Henryk Tomasz Kaiser 118, imagebroker 103, imagebroker/Otto Stadler 60, Rainer Hackenberg 155, United Archives/De Agostini 18 | Pantarul 165 | picture alliance: PIXSELL 120 | Prisma: Alvaro Leiva 14, Funkystock 64/65 | Ranka Keser 5 | Roberta F./CC BY-SA 3.0 20 | Schapowalow: SIME/Jan Wlodarczyk 100 | Shutterstock: Awana JF 29, Dreamer4787 86, Igor Alexsander 217, Ilija Ascic 96, islavicek 144, Kesu 57, Kiev.Victor 220, Kirk Fisher 27, Kite_rin 41, Ma-Zvone 33, Maciej Czekajewski 125, Martin Vorel 85, OPIS Zagreb 186, Rostislav_Sedlacek 141, Simon Kovacic 90, xbrchx 129, e X p o s e 221 | stock.adobe.com: Dario Bajurin 24, Fokke 9 | ullstein bild 110 | YourPhotoToday: PM 72

Liebe Leserin, lieber Leser,

wir freuen uns, dass Sie sich für diesen MERIAN Reiseführer entschieden haben. Unsere Autoren und Autorinnen sind für Sie unterwegs und recherchieren sehr gründlich, damit Sie mit aktuellen und zuverlässigen Informationen auf Reisen gehen können. Dennoch lassen sich Fehler nie ganz ausschließen, zumal zum Zeitpunkt der Drucklegung die Auswirkungen von Covid-19 auf das Hotel- und Gastgewerbe vor Ort noch nicht vollständig abzusehen waren. Wir bitten um Verständnis dafür, dass der Verlag keine Haftung übernehmen kann.

Ihre Meinung ist uns wichtig. Bitte schreiben Sie uns:
GRÄFE UND UNZER VERLAG
Postfach 86 03 66, 81630 München, www.merian.de

Leserservice
merian@graefe-und-unzer.de

PEFC/18-31-506

© 2021 GRÄFE UND UNZER VERLAG GmbH, München
MERIAN ist eine eingetragene Marke der GANSKE VERLAGSGRUPPE.

1. Auflage 2021

Bei Interesse an maßgeschneiderten B2B-Editionen:
roswitha.riedel@graefe-und-unzer.de
Bei Interesse an Anzeigen:
KV Kommunalverlag GmbH & Co. KG
Tel. 0 89/9 28 09 60
info@kommunal-verlag.de

Verlagsleitung Reise: Philip Laubach
Verlagsredaktion: Susanne Kronester
Autoren: Ranka Keser, Harald Klöcker
Redaktion: bookwise, München
Bildredaktion: Dr. Nafsika Mylona
Schlussredaktion: Karin Leonhart
Reihengestaltung: Independent Medien Design, Horst Moser, München
Karten: Huber Kartographie GmbH für Gräfe und Unzer Verlag GmbH
Satz: bookwise, München
Herstellung: Renate Hutt
Druck und Bindung: Printer Trento, Italien

Ein Unternehmen der
GANSKE VERLAGSGRUPPE

DALMATIEN EN DETAIL

Während der venezianischen Herrschaft wurde im 15. Jh. der **Palast Marenci in Šibenik** errichtet. Heute befindet sich in dem Gebäude das Heritage Hotel Life Palace. Beim Bau des Palasts sind zwei Wassernäpfe in die Gebäudemauer eingelassen worden. Die Besucher aus Venedig kamen nach Šibenik, um Handel zu treiben. Häufig hatten sie ihre Hunde dabei. Während die Menschen an diesem Ort um Geld und Waren feilschten, sollten die Hunde nicht Durst leiden. Auf einem rechteckigen Napf steht eingemeißelt »AMOR D. CANI« (Hundeliebe). Der andere Napf ist rund und nicht beschriftet. Er ist für Katzen gedacht. Heute weist die Stadt Šibenik mit jeweils einer Aufschrift auf die Trinknäpfe für die Vierbeiner hin.

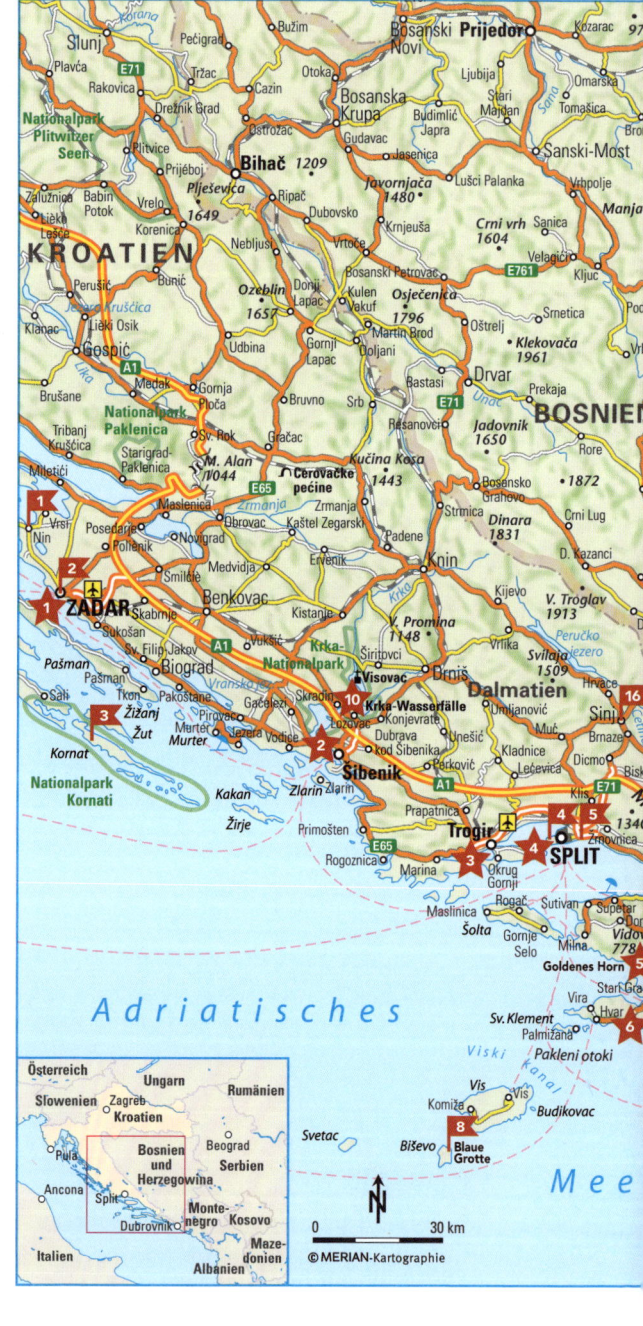